中国能源革命进展报告

能源消费革命

（2023）

国务院发展研究中心资源与环境政策研究所　编著

北　京
冶　金　工　业　出　版　社
2023

图书在版编目(CIP)数据

中国能源革命进展报告：能源消费革命 . 2023／国务院发展研究中心资源与环境政策研究所编著 . —北京：冶金工业出版社，2023. 9

ISBN 978-7-5024-9608-1

Ⅰ. ①中… Ⅱ. ①国… Ⅲ. ①能源发展—研究报告—中国—2023 Ⅳ. ①F426. 2

中国国家版本馆 CIP 数据核字(2023)第 159164 号

中国能源革命进展报告　能源消费革命（2023）

出版发行	冶金工业出版社	**电　　话**	(010)64027926
地　　址	北京市东城区嵩祝院北巷 39 号	**邮　　编**	100009
网　　址	www. mip1953. com	**电子信箱**	service@ mip1953. com

责任编辑　曾　媛　刘小峰　美术编辑　彭子赫　版式设计　彭子赫　孙跃红

责任校对　王永欣　李　娜　责任印制　禹　蕊

三河市双峰印刷装订有限公司印刷

2023 年 9 月第 1 版，2023 年 9 月第 1 次印刷

787mm×1092mm　1/16；9. 75 印张；144 千字

定价 100. 00 元

投稿电话　(010)64027932　投稿信箱　tougao@cnmip. com. cn

营销中心电话　(010)64044283

冶金工业出版社天猫旗舰店　yjgycbs. tmall. com

(本书如有印装质量问题，本社营销中心负责退换)

《中国能源革命进展报告　能源消费革命(2023)》

编　委　会

前　　言

2014 年 6 月，习近平总书记在中央财经领导小组第六次会议上，提出了新形势下保障国家能源安全，必须推进能源消费革命、能源供给革命、能源技术革命、能源体制革命和全方位加强国际合作的要求，这为中国能源高质量发展和安全保障提供了根本遵循。推进能源消费革命，抑制不合理能源消费，是中国能源高质量发展的内在要求，更是新时代中国统筹能源发展和安全的关键点、发力点。推进能源消费革命，要求强化约束性指标管理，同步推进产业结构和能源消费结构调整，有效落实节能优先方针，全面提升城乡优质用能水平，从根本上抑制不合理消费，大幅度提高能源利用效率，加快形成能源节约型社会。

新时代十年，中国推进能源消费方式变革取得积极进展。2012 年以来，中国扎实推进能源消费向绿色低碳转变，生产和生活领域能效大幅提升。其一，能源消费总量得到合理控制。2022 年中国能源消费总量 54.1 亿吨标准煤，比 2012 年增加 13.9 亿吨标准煤、年均增速 3.0%，支撑了年均 6.2%的经济增长。2022 年全国单位 GDP 二氧化碳排放量比 2012 年下降 40.1%。其二，能源消费结构逐步优化。中国着力改变以煤为主的能源消费结构，推进绿色能源较快发展。2022 年，煤炭在一次能源消费总量中的占比为 56.2%、比 2012 年下降 12.3 个百分点，石油约占 17.9%、比 2012 年略高 0.9 个百分点，天然气约占 8.4%、比 2012 年提高 3.6 个百分点，非化石能源占比达 17.5%、比 2012 年提高 7.8 个百分点。2022 年全国新能源汽车产量 705.8 万辆，保有量达 1310 万辆；全国充电基础设施保有量达 520 万台，已建成世界上最大规模的充电网络。其三，能源利用效率稳步提升。2022 年中国单位 GDP 能耗已降至 0.447 吨标准煤/万元，比 2012 年单位 GDP 能耗下降 40%。重点领域节能提效取得显著成果，2022 年全国火电机组平均供电标准煤耗 301.5 克/千瓦时，比 2012 年下降 7.1%。炼钢、焦炭、电解铝、水泥、平板玻璃等重点高耗能产业淘汰落后产能和化解过剩产能工作扎实推进。能源回收利用水平进一步提高，余热、余压及放散气等能量回收利用取得一定成效。

面对实际，深入推进能源消费革命要清醒认识我们面临的严峻挑战。中国能源消费体量大、品种多，“富煤缺油少气”的化石能源资源禀赋使中国形成了长期以煤为主的能源体系，未来如何协调好控制煤炭消费和保障能源安全的关系仍是艰巨挑战；能源利用效率整体不高、浪费问题仍较突出，能源加工转换效率较低、用能损失较大，高耗能产品综合能耗仍明显高于世界先进水平，居民生活与服务领域能源浪费现象普遍存在；创新能力不足仍是能源绿色低碳转型的主要短板，能源发展转型两难多难问题叠加演变。同时，产业结构升级、能源结构调整均不能违背经济社会发展的客观规律，不能脱离实际、急于求成，搞运动式“降碳减污”、踩“急刹车”。我们要充分认识能源转型变革的艰巨性复杂性，聚焦聚力转变发展方式，坚持不懈推进发展方式绿色转型。

未来十年，加快发展方式绿色转型、推动中国能源消费革命向纵深挺进。发展方式的绿色转型，是生产方式、生活方式、思维方式和价值观念的全方位、革命性变革。要以党的二十大精神为遵循，加大力度协同推进能源绿色转型与能源安全供应保障，发展方式从粗放型向集约型转变。加快推动产业结构、能源结构、交通运输结构调整优化，实施全面节约战略，推进各类能源资源合理高效利用，推动节约集约、绿色低碳发展；协同推进降碳、减污、扩绿、增长，加速构建余热、余冷、余压等能源的回收循环利用体系，推动能源绿色低碳高效利用，推进工业、建筑、交通等领域绿色转型。以行业自身深刻变革带动经济社会系统性变革，以能源绿色转型助力经济社会全面绿色转型。

本报告对近十年中国能源消费革命的实践探索及取得的进展进行系统梳理和总结，并立足新发展阶段，分析中国能源消费“清洁化、低碳化、分散化、数字化”的绿色低碳转型发展路径及发展前景，展望中国能源产业如何实现更为安全、更有效率、更加低碳、更可持续的发展，更好地服务于中国高质量发展和实现碳达峰碳中和目标。

目　　录

一、中国能源消费革命成效

2014年习近平总书记提出，面对能源供需格局新变化、国际能源发展新趋势，保障国家能源安全，必须推动能源生产和消费革命。为此，中国政府积极制定和推动落实能源生产和消费革命战略。推动能源消费革命，必须坚持节能优先方针，完善能源消费总量管理，强化能耗强度控制，把节能贯穿于经济社会发展全过程和各领域；必须坚定调整产业结构，高度重视城镇化节能，推动形成绿色低碳交通运输体系；在全社会倡导勤俭节约的消费观，培育节约能源和使用绿色能源的生产生活方式，加快形成能源节约型社会。[①] 近十年来，中国大力推进能源消费革命取得积极成效，能源消费增长势头明显放缓，呈现效率提升、品质升级、清洁低碳、安全可靠的特征，为力争2030年前碳达峰，2035年基本实现社会主义现代化和美丽中国目标奠定了坚实基础。

（一）持续推进能源消费革命，清洁低碳高效水平得到提升

坚持践行“节约优先”，节能提效取得良好效果。2014年提出的能源消费革命，其核心聚焦于节约优先。此后，能源消费革命的内涵不断丰富。2016年国家发展改革委、国家能源局发布《能源生产和消费革命战略（2016—2030）》，将能源消费革命的内涵明确为五个方面，包括：完善能源消费总量和强度双控制度，控制能源消费总量；推动产业结构调整与能源结构优化，实现能源消费升级；坚持节能优先，健全节能标准和计量体系，全面提高能源利用效率；结合新型城镇化、农业现代化建设，同步推进电气化和信息化建设；充分调动人民群众的积极性、主动性和创造性，大力倡导合理用能的生活方式和消费模式。能源消费革命强调节能优先，

① 《新时代的中国能源发展》白皮书，国务院新闻办公室，2020年。

千方百计推动各行业、各环节节能。2021年，中共中央、国务院发布的《关于完整准确全面贯彻新发展理念做好碳达峰碳中和工作的意见》进一步明确，把节能贯穿于经济社会发展全过程和各领域，要求持续深化工业、建筑、交通运输、公共机构等重点领域节能，提升数据中心、新型通信等信息化基础设施能效水平；健全能源管理体系，强化重点用能单位节能管理和目标责任；瞄准国际先进水平，加快实施节能降碳改造升级，打造能效“领跑者”。截至2022年，中国节能标准体系基本建立，已发布实施强制性能耗限额国家标准108项、强制性能效国家标准66项、推荐性节能国家标准190项，有效推进重点耗能领域产业升级和重点产品技术创新。在这些政策引领下，中国节能工作取得明显成效。2022年，全国能源消费总量54.1亿吨标准煤、比2012年增长34.6%，以年均3.0%的能耗增速支撑了年均6.2%的国内生产总值（GDP）增长。2022年万元GDP能耗为0.45吨标准煤，比2012年下降40.1%（当年价）/26.3%（不变价）。2021年重点耗能工业企业中，单位合成氨综合能耗达1442千克标准煤/吨、与上年持平，吨钢综合能耗同比下降0.4%，单位电解铝综合能耗下降2.1%，每千瓦时火力发电标准煤耗下降0.5%。

高度重视能源普遍服务，保障民生用能和均等。2013年，国务院发布的《能源发展“十二五”规划》提出，要统筹城乡和区域能源发展，加强能源基础设施和基本公共服务能力建设，尽快消除能源贫困，努力提高人民群众用能水平。国家能源局发布的《2016年能源工作指导意见》提出，实施能源民生工程，全方位支持贫困地区能源资源开发利用、着力加强贫困地区能源开发建设、启动实施新一轮农村电网改造升级和全面实施城镇配电网建设改造。近十年，全国能源普遍服务水平得到明显提升。2020年实现大电网覆盖范围内贫困村通动力电比例达到100%，农网供电可靠率总体达到99.8%，有力保障“人人享有电力”。2021年，中国人均能源消费量3723千克标准煤、比2012年增长25.8%，年均增长2.6%；人均生活用能478千克标准煤、比2012年增长53.2%，年均增长4.9%；人均生活电力消费量年均增长7.3%；人均生活天然气消费量年均增长7.8%，居民生活用能水平不断改善。2021年以来，在“双碳”目标指引下，能源领域积极行动，统筹能源结构绿色转型和能源安全保障，使得能源服务内涵更加丰富。《2021年能源工作指导意见》提出，要优化营商环境，在全国范围内实现居民用户和低压小微企业办电“三零”（零上门、零审批、零投资）服务、高压用户办电“三省”（省时、省力、省钱）服务。加大民生用能保障力度，因地制宜实施清洁取暖改造，实施农村电网巩固提升工程，改善乡村用能条件，按照“源网荷储一体化”工作思路，持续推进城镇智能电网建设，提升城镇电网智能化水平，加快探索推广供需互动用电系统，适应高比例可再生能源、电动汽车等多元化接入需求。

减污降碳和能源转型政策助力能源绿色低碳发展。中国很早就重视清洁能源替代、可再生能源开发利用，实现能源供应多元化和绿色转型。2013年《能源发展“十二五”规划》首次提出“科学实施传统能源替代，加快优化能源生产和消费结构”的规划部署，同年国务院发布的《大气污染防治行动计划》明确提出，加快清洁能源替代利用，有效推动能源绿色低碳转型。此后，《2018年能源工作指导意见》进一步指出，提升终端能源消费清洁化水平，实施煤炭终端消费减量替代、稳妥实施“煤改电”“煤改气”工程、提升高品质清洁油品利用率和积极开展电能替代等。2022年再次强调，要积极发展能源新产业新模式，以大力发展综合能源服务，推动节能提效、降本降碳。2023年又要求从四方面发力，巩固拓展绿色低碳转型良好态势。其一，持续扩大清洁、低碳能源供应，包括建设陆上大型风电光伏基地、海上风电基地，积极推进光热发电规模化发展，推进分散式陆上风电和分布式光伏发电项目建设等。其二，着力推动化石能源清洁高效开发利用，包括加强煤炭分质分级利用示范，提升煤炭清洁高效利用水平；支持天然气利用，推动天然气稳定协调发展等。其三，推进供需两侧协同发力，提高用能清洁化比重，提升生产生活用能电气化水平，全面推进工业、建筑、交通等领域绿色低碳转型。其四，加快培育能源新业态新模式，稳步推进有条件的工业园区、城市社区、大型公共服务区，建设以可再生能源为主的综合能源站和终端储能。积极推广太阳能、地热能供热等可再生能源非电利用方式。支持纤维素等非粮燃料乙醇、氢能等试点示范。能源结构不断优化，电气化、清洁化程度得到改善。近十年，能源结构绿色低碳转型取得一定成效。2022年煤炭、石油、天然气、非化石能源占比分别为56.2%、17.9%、8.4%和17.5%，煤炭占比相较于2012

年下降 12.3%，而石油、天然气、非化石能源占比相较于 2012 年分别上升 0.9%、3.6%和 7.8%；全社会用电量中，清洁能源电力占比约为 30.0%，比 2012 年增长约 8.8%。

（二）深入推进绿色低碳循环改造，工业领域用能逐步走向绿色高效

工业用能清洁高效水平不断提高。以《工业节能“十二五”规划》《工业绿色发展规划（2016—2020 年)》等文件为指引，以传统工业绿色化改造为重点，以科技创新为支撑，逐步建立健全工业绿色发展长效机制，不断淘汰落后产能，优化产业结构，加快传统产业升级改造，加速推进工业领域节能减排，节能降耗取得明显成效。其一，工业单位增加值能耗持续下降，节能效果良好。2021 年，规模以上工业单位增加值能耗比 2012 年累计降低 36.2%、年均下降 4.9%，有力支撑了中国单位 GDP 能耗年均下降 3.3%。其二，能源加工转换效率整体提高。近十年，规模以上工业企业能源加工转换效率提高 1.8 个百分点。其中，火力发电提高 2.3 个百分点，供热提高 4.8 个百分点，原煤洗选提高 3.2 个百分点，炼焦提高 1.5 个百分点。其三，单位产品综合能耗不断下降。2021 年，纳入国家统计局统计的重点耗能工业企业的 39 项单位产品，近九成的生产综合能耗比 2012 年下降；全国 6000 千瓦及以上火电机组供电标准煤耗为 301.5 克/千瓦时，重点大中型企业吨钢综合能耗等已达到世界先进水平，水泥行业能效“领跑者”企业的可比熟料综合能耗达到 87.95 千克标准煤/吨的世界先进水平。

煤电机组清洁改造规模不断扩大。近十年，有序实施燃煤电厂超低排放和节能改造，已建成全球最大的清洁煤电供应体系，燃煤发电机组大气污染物的超低排放标准高于世界主要发达国家或地区。其一，强化标准引领，有效推动煤电机组节能减排。陆续发布的《煤电节能减排升级与改造行动计划（2014—2020 年)》和《全面实施燃煤电厂超低排放和节能改造工作方案》，系统部署了燃煤电厂超低排放标准实施和节能改造工作。截至 2021 年，达到超低排放限值的煤电机组约 10.3 亿千瓦，占全国煤电总

装机容量的93.0%；供电煤耗逐年降低，全国6000千瓦及以上火电机组供电标准煤耗为301.5克/千瓦时，比2012年下降近20克/千瓦时；单位火电发电烟尘、二氧化硫、氮氧化物排放量分别为22毫克/千瓦时、101毫克/千瓦时和152毫克/千瓦时，均比2012年下降94个百分点。其二，启动煤电灵活性改造，提高了电力系统灵活调节能力。“十三五”时期以来，中国实施煤电灵活性改造工作，推动煤电企业开展深度调峰、热电解耦等多种技术路线探索，煤电机组最小发电出力从50%-60%额定容量降至30%-35%，部分机组甚至可低至20%-25%，可调节范围大大增加。截至2022年，中国煤电灵活性改造规模累计约2.57亿千瓦，有效提高了电力系统灵活调节能力。其三，煤电技术不断创新，主要参数达到世界先进水平。已实现高参数、大容量超超临界燃煤机组自主研发和制造，建成全球发电能效最高、在建单机容量最大的燃煤机组，供电煤耗最低降至260克/千瓦时以下；百万千瓦空冷发电机组、二次再热、大型循环流化床发电等技术均达到世界先进水平。超临界和超超临界先进煤电机组超过860台，占全国煤电总装机的比例超过50%。国家能源集团泰州电厂3号机组成为全球首台成功运用二次再热技术的百万千瓦超超临界燃煤发电机组，实现供电标准煤耗266克/千瓦时，烟尘、二氧化硫、氮氧化物排放量分别为1.8毫克/立方米、8.4毫克/立方米和19毫克/立方米。申能安徽平山电厂二期1350兆瓦高低位分轴布置二次再热超超临界机组已在2022年正式投入商业运行，机组设计供电煤耗251克/千瓦时，是目前全球单机容量最大的新型清洁、高效、低碳燃煤机组。

石油和化工行业综合能效不断改善。近十年，石油和化工行业推动一系列变革，有效降低行业能耗强度，减少污染物和温室气体排放，着力提高能效水平。其一，推动产业技术革新，推广节能低碳技术。突破了合成树脂、特种工程塑料、清洁油品、基础化学品、污染物治理等领域一批关键技术，实施清洁生产、智能控制、产业园区循环化改造，不断提高产品质量，切实做到节能减排。其二，实施燃料清洁化和原料替代，降低能源与原料消耗。推进燃料清洁化发展，优化能源结构，减少煤炭、石油等高碳化石能源的使用，充分利用生物质资源，积极发展燃料乙醇、生物柴油、可持续航空燃料等生物质能源，努力增加可再生能源、生物质能源化工产品的市场供给。其三，通过调整优化产业布局和结构、严控新建低效装置、淘汰落后产能，推动现代化工产业绿色升级。大力推动炼油与化工领域“上大压小”淘汰落后产能和“减油增化”优化产品结构。严格控制炼油、尿素、磷铵、聚氯乙烯等行业新增产能，对轮胎、合成氨行业实施准入公告管理，通过落实产能置换、安全、环保、节能、价格等综合举措，抑制产能盲目增长，促进行业转型升级。如山东省在“十三五”时期整合转移和淘汰炼油产能4447万吨，退出焦化产能2800万吨，压减合成氨产能147万吨，退出轮胎产能折标胎2200余万条，关闭不达标化工生产企业2069家，化工园区由199家压减到84家；近两年，进一步退出炼化产能1520万吨，整合转移300万吨及以下炼油产能，压减过剩焦化产能180万吨、合成氨产能36万吨，整合年产能120万条以下的全钢子午胎、500万条以下的半钢子午胎企业。其四，多年来能效“领跑者”行动效果显著。企业通过改造工艺和加强管理逐步向行业先进指标靠近。近十年，化工产品能效水平得到不同程度提高，轮胎、黄磷、纯碱、甲醇、电石、烧碱、原油加工行业能效水平分别提升超过40.0%、18.0%、15.0%、13.0%、10.0%、8.0%和6.0%[①]，为国家制修订《高耗能行业重点领域能效标杆水平和基准水平》2021年版和2022年版提供了重要依据。

钢铁行业用能效率和信息化水平不断提升。近十年，钢铁产业结构持续优化，工艺技术不断创新，能源利用效率和信息化水平进一步提高。重点统计的钢铁企业吨钢综合能耗由2012年的602.7千克标准煤降至2022年的551.36千克标准煤，降幅达8.5%。其一，淘汰落后产能成效显著，结构性调整深入推进。淘汰落后粗钢产能近1亿吨，全面清除“地条钢”产能1.4亿吨，有效化解了行业产能过剩矛盾。陆续建设宝武湛江、河钢乐亭、山钢日照、柳钢防城港、中天南通等一批沿海钢铁基地，钢铁产能进一步向沿海集聚。兼并重组工作稳步推进，钢铁产业集中度得到提升，前10家钢铁企业粗钢产量合计占全国比重由2016年的35.9%提高到2022年的42.6%。充分发挥短流程工艺的低碳绿色优势，有序发展电炉炼钢，

① 编写组根据工业和信息化部《2012年度全国石油和化工行业重点耗能产品能效领跑者标杆企业指标》和《2022年度重点用能行业能效“领跑者”企业名单》公布的指标计算获得。

组建首家新型千万吨级短流程炼钢集团。其二，重点工艺技术装备有所突破，能源回收利用水平明显提高。高效喷煤、高辐射覆层、加热炉蓄热式燃烧、连续铸轧、钢坯热装热送等节能技术加快推广应用，富氢碳循环高炉、氢基竖炉、氢基熔融还原炼铁等先进技术取得实质进展，“一键炼钢+全自动出钢”智慧炼钢、绿色洁净电炉炼钢、无头轧制、薄带铸轧等工艺技术达到世界先进水平。钢铁行业广泛应用副产煤气发电，2022 年吨钢转炉煤气回收量达 124.7 立方米（吨钢节能量约 30 千克标准煤），煤气排放接近于零。先进余热余能回收利用技术装备普及率大幅提高，高炉煤气能量回收装置基本实现全覆盖，干熄焦发电装备配备率达 93%以上。超临界煤气发电、烧结余热回收利用、饱和蒸汽发电等技术已处于世界先进水平，高参数煤气发电机组的效率超过 40%。2022 年全国钢铁行业余热余能自发电率约 56%，比 2012 年提高 20 个百分点。其三，企业能源管理进一步升级，普遍实施信息化、智能化、精细化管理。在“工业化信息化”两化融合推进，健全能源管理体系、建设能源信息系统的基础上，全国钢铁企业能源管控中心覆盖率提高到 80%左右，部分企业实施能源供应与钢铁生产的源荷交互、数据驱动、模型开发，以信息化、智能化手段提升钢铁领域能效。

（三）推动“三农”能源消费转型升级，用能逐步多元清洁高效

“三农”用能“量和质”均出现稳步提升。能源高效清洁利用是推动乡村振兴战略落地实施的重要抓手。多年中央一号文件一直高度重视农村电网改造升级、农村非化石能源（光伏、风电、小水电、地热和生物质能等）发展及北方地区农村散煤治理，支持农村用能结构不断优化。随着农村经济持续较快发展，农村能源消费总量不断增长，从 2012 年的 2.94 亿吨标准煤增至 2019 年的 3.65 亿吨标准煤。“十三五”时期，新一轮农村电网改造升级工程提前一年至 2019 年全部完成，“三区三州”和“抵边村寨”农网改造升级两大攻坚行动圆满收官，农业和民生用电得到切实保障。终端用电量、其占全部终端能源消费量的比例均保持较快增长，用电

量从 2012 年的 0. 52 亿吨标准煤增至 2019 年的 0. 85 亿吨标准煤，占比从 17. 5%增至 23. 2%。终端化石能源消费量、消费占比大多呈下降趋势，消费量从 2012 年的 1. 50 亿吨标准煤降至 2019 年的 1. 48 亿吨标准煤，占比从 50. 9%降至 40. 7%，其中煤炭消费占比从 34. 0%下降到 23. 9%，石油消费占比从 14. 5%下降到 13. 5%，而燃气（包括天然气和液化石油气）消费占比从 2. 4%增加到 3. 2%。沼气、太阳能、秸秆固体燃料的消费量总和稳定在 3. 5 亿吨标准煤以上，消费占比稳中略降，自 2015 年以后基本保持在 9%左右。

农村生活用能日益清洁化。农村散煤治理是能源消费革命的重要内容之一。自 2017 年起，财政部、住房和城乡建设部、生态环境部及国家能源局根据北方地区冬季清洁取暖试点政策，对民用散煤治理开展试点工作，同时高度重视在农村推广利用生物质能、地热能、太阳能等可再生能源以替代散煤。“十三五”时期中央财政分三批、累计投入 493 亿元支持北方地区 43 个城市开展清洁取暖试点，完成清洁取暖改造面积 39. 1 亿平方米（3526 万户），其中城乡接合部及农村地区改造面积 29. 51 亿平方米（2657 万户），共完成散煤替代（含低效小锅炉用煤）1. 4 亿吨以上，对本地细颗粒物（PM2. 5）平均浓度改善和空气质量综合指数改善贡献率均达三分之一以上。其中，2020—2021 年采暖季，京津冀及周边地区、汾渭平原完成散煤替代 709 万户（其中河北省 337 万户、山西省 96 万户、山东省 163 万户、河南省 40 万户、陕西省 73 万户）。农村电动化出行持续向好。自 2004 年电动自行车被确定为非机动车的合法车型以来，电动自行车得以广泛应用。“十三五”时期，中国电动自行车年销量超过 3000 万辆，截至 2020 年全社会保有量接近 3 亿辆。相较于城镇居民，农村居民更加积极推行电动化，农村居民家庭平均每百户电动自行车拥有量（含电动三轮车等）从 2014 年的 45. 4 辆（高出城镇居民 2. 9 辆）增至 2020 年的 73. 1 辆（高出城镇居民 11. 1 辆）。而且，新能源汽车成为农村消费新宠。2020—2022 年，国家连续三年出台开展新能源汽车下乡活动的措施，共发布 6 批累计近 200 款下乡车型，带动新能源汽车下乡车型累计销售超过 410 万辆，其中 2020 年下半年、2021 年、2022 年分别销售 39. 7 万辆、106. 8 万辆和 266. 0 万辆，分别同比增长 80. 0%、169. 0%和 87. 0%。

农业领域用能绿色化态势显现。近十年，国家高度重视新能源赋能传统农业。2013 年发布《关于促进光伏产业健康发展的若干意见》，推动农业领域光伏的推广应用，此后发展光伏产业成为脱贫攻坚与乡村振兴的重要手段。2014 年发布的《关于印发实施光伏扶贫工程工作方案的通知》提出，利用 6 年时间开展光伏发电产业扶贫工程。2021 年发布的《加快农村能源转型发展助力乡村振兴的实施意见》强调，积极培育“新能源+”产业，建设“光伏+”现代农业，在林区、牧区合理布局“林光互补”及“牧光互补”等项目，建设“新能源+”农村景观示范等。政策的陆续出台促使光伏扶贫工作取得显著成果，截至 2020 年累计建成光伏扶贫电站 2636 万千瓦，惠及近 6 万个贫困村、415 万户贫困户，每年可产生发电收益约 180 亿元，相应安置公益性岗位 125 万个，同时催生出一系列“新能源+农业”项目，如贵州安龙光伏农业高科技示范园和六盘水农业光伏电站项目、河北唐山“渔光一体”现代渔业产业园、广西南宁秸秆气化清洁能源综合利用工程项目等，以及将生态农业领域的新能源项目与互联网技术相融合建设服务于农业生产的智慧能源系统的“互联网+新能源+农业”项目，如浙江安吉首个中央智能化茶叶加工生产线项目、河南兰考农村能源互联网平台等。

农业生物质资源燃料化利用不断提高。《“十二五”农作物秸秆综合利用实施方案》提出了秸秆的“五化”利用，即肥料化、饲料化、基料化、原料化和燃料化。“十三五”时期，中央财政累计安排资金 86.5 亿元，支持了 684 个重点县整体推进秸秆利用，秸秆综合利用率达到 86%，比 2015 年提高 6 个百分点。2020 年，全国秸秆综合利用量 6.3 亿吨、利用率超 87%，其中燃料化利用量约 5700 万吨，相当于替代 2850 万吨标准煤。2021 年有关部门在河北、山西、内蒙古、辽宁、吉林、黑龙江、江苏、安徽、山东、河南、四川、陕西 12 个省份继续开展秸秆综合利用试点，重点支持秸秆综合利用关键环节，有效突破收储运体系瓶颈，带动区域秸秆处理能力得到显著提升，产生第一批 30 个农作物秸秆综合利用典型案例，形成“疏堵结合、以用促禁”的工作格局。2016 年发布的《全国草食畜牧业发展规划（2016—2020 年）》首次提出，实施草食畜禽粪便资源化利用试点。《全国农村沼气发展“十三五”规划》《全国畜禽粪污资源化利用整县推进项目工作方案（2018—2020年）》《关于加快推进畜禽养殖废弃物资源化利用的意见》等文件也陆续出台，支持畜禽粪污资源化利用，包括能源化。根据全国第二次污染源普查测算，全国畜禽粪污年产量在30.5亿吨，年需处理畜禽粪污量超过20亿吨。“十三五”时期，中央财政累计安排资金296亿元，支持723个整县项目推进畜禽粪污资源化利用，实现585个畜牧大县全覆盖；支持“非畜牧”大县养殖场畜禽粪污资源化利用设施建设，规模养殖场粪污处理设施装备配套率超过95%，全国13.3万家大型畜禽规模养殖场已全部配套畜禽粪污处理设施装备。围绕畜禽粪污资源化利用已形成能源化、肥料化、饲料化等多种方式，畜禽粪污综合利用率达到75%以上，比2015年提高了15个百分点以上。其中，能源化利用是主要方向之一，截至2020年全国畜禽粪污的沼气生产量约26.9亿立方米，约占全国沼气年产量的10%以上。

（四）推进交通领域绿色转型，油气电氢供能路径探索前行

交通能源消费绿色转型取得进展。近十年，交通运输行业全面深入推进绿色发展，交通运输结构绿色化趋势已初步显现，有效推动交通节能与用能结构优化。2014年国务院办公厅发布的《2014—2015年节能减排低碳发展行动方案》指出，开展绿色循环低碳交通运输体系建设试点，深化“车船路港”千家企业低碳交通运输专项行动。2019年9月党中央、国务院发布的《交通强国建设纲要》强调，构建安全、便捷、高效、绿色、经济的现代化综合交通体系，促进资源节约集约利用。2021年2月发布的《国家综合立体交通网规划纲要》进一步提出，推进绿色低碳发展，促进交通基础设施与生态空间协调。“十三五”时期，中国交通运输基础设施网络日趋完善，交通领域绿色低碳转型不断取得新进步。截至2021年，中国“十纵十横”综合运输大通道基本贯通，综合交通网络总里程突破600万公里，超大特大城市轨道交通加快成网，民用运输机场覆盖92%左右的地级市，已建成全球最大的高速公路网、全球最大的高速铁路网、世界级港口群。交通基础设施建设不断完善，助推运输装备规模快速增长，中国

交通用能规模持续升高。国家统计局数据显示，2021 年交通运输、仓储和邮政业用能总量超 4.39 亿吨标准煤，相较于 2016 年、2012 年分别增长 10%和 34.7%。同时，运输方式高效化、清洁化趋势加速形成，运输结构优化调整取得阶段性成效。相较于 2016 年，2020 年中国交通运输、仓储和邮政业煤炭消费量减少 163 万吨，降幅 40.4%；柴油消费量减少 1536 万吨，降幅 13.9%；汽油、煤油消费量均无较大变化；天然气消费量增至 354 亿立方米，增幅 38.9%；电力消费量超过 1750 亿千瓦时，增幅 39.9%。2018 年国务院办公厅发布的《推进运输结构调整三年行动计划（2018—2020 年）》要求，深入实施"六大行动"，加快推进集疏港铁路和铁路专用线建设，持续推动大宗货物运输"公转铁""公转水"。"十三五"时期，中国先后实施多式联运示范工程 70 多项、城市绿色货运配送示范工程 46 项、国家公交都市建设示范工程 87 项；港口集装箱铁水联运量年均增长 23.8%，由"十二五"时期末的 236 万标准箱增长到 687 万标准箱。至 2022 年，全国集装箱铁水联运量达到 875 万标准箱，同比增长 16%；新能源汽车保有量达到 1300 万辆；新能源城市公交、出租和城市物流配送汽车合计超 100 万辆；氢燃料电池汽车保有量近 1.3 万辆；液化天然气船舶超 290 艘。

成品油清洁化、高效化水平不断提升。中国先后于 2007 年 7 月与 2010 年 7 月正式实施了第三阶段和第四阶段汽车排放标准，逐步提高汽车污染物排放指标水平。2016 年 1 月原环境保护部、工业和信息化部联合发布《关于实施第五阶段机动车排放标准的公告》，要求自 2016 年 4 月至 2018 年 1 月根据油品升级进程，分区域、分阶段在全国范围内实施机动车国五标准。其中，汽油硫含量、锰含量、烯烃含量分别较国四标准下降了 80%、75%和 14%。2019 年 1 月 1 日，国内汽油全面升级实行国六 A 标准、车用柴油全面升级实行国六标准，降低汽柴油的烯烃、芳烃、苯含量，大幅提升油品的清洁化程度。2021 年 2 月，工业和信息化部发布强制性国家标准《乘用车燃料消耗量限值》（GB 19578—2021），要求乘用车新车平均燃料消耗量水平在 2025 年降至百公里 4.0 升。"十二五"时期，中国成品油表观消费量增长 0.81 亿吨，增幅达 34.8%；"十三五"时期以来中国汽车保有量快速增长，而成品油表观消费量增速明显放缓，至 2022 年为

3.45 亿吨，相较于 2016 年仅增长 0.55 亿吨。“十三五”时期，中国铁路电气化率大幅提升，电能替代效果显著。到 2021 年，伴随京港高铁安九段开通运营，标志着“八纵八横”高铁网全部贯通，中国高铁运营里程突破 4 万公里，其中铁路电气化比例达 73%，比 2015 年提高 12%，铁路用油大幅减少。而且，中国船舶与航空油品标准也在不断升级。2018—2019 年，中国先后发布了《船舶大气污染物排放控制区实施方案》和《2020 年全球船用燃油限硫令实施方案》，低硫燃料油作为船舶用油逐步推广，液化天然气动力船舶有所发展。至 2020 年，京津冀、长三角和珠三角等地区主要流域的船舶硫氧化物、颗粒物排放量分别比 2015 年下降了 80%和 75%。同时民航绿色低碳发展也取得积极成效。“十三五”时期，中国民航通过绿色技术应用、清洁能源利用、绿色管理、低碳政策引导等多方面措施，加快构建节能降碳治理体系，截至 2021 年民航吨公里油耗为 0.309 千克，机场每客能耗较“十二五”时期末（2013—2015 年）均值仅上升约 2.3%，而每客二氧化碳排放下降 22.1%①。尤其在航空燃料方面，中国以酯类和脂肪酸类加氢工艺提炼航空燃料的技术已日趋成熟。2022 年 6 月，中国首套生物航空煤油工业装置在镇海炼化成功投产，其设计加工能力达 10 万吨/年。与传统石油基航空煤油相比，生物航空煤油全生命周期二氧化碳排放最高可减少 50%以上。

新能源汽车加快普及和相关产业快速发展成为交通领域绿色低碳转型的重要路径。2012 年至今，国务院、财政部、科技部、工业和信息化部、国家发展改革委相继发布了《节能与新能源汽车产业发展规划（2012—2020 年）》《关于 2016—2020 年新能源汽车推广应用财政支持政策的通知》《关于完善新能源汽车推广应用财政补贴政策的通知》等文件，加快了新能源汽车的推广和使用。2022 年 9 月，财政部、国家税务总局、工业和信息化部联合发布《关于延续新能源汽车免征车辆购置税政策的公告》，对纯电动汽车、插电式混合动力（含增程式）汽车、燃料电池汽车继续免征车辆购置税。2022 年，全国免征新能源汽车车辆购置税达 879 亿元。同年，中国新能源汽车爆发式增长，产量、销量分别为 705.8 万辆和 688.7

① 数据来源于《2022 中国民航绿色发展政策与行动》。

万辆，同比分别增长 96.9%和 93.4%，新能源渗透率达到 25.6%，对燃油汽车的替代作用逐渐增强。其中，自主品牌新能源乘用车国内市场销售占比达 79.9%，同比增长 5.4%；新能源汽车出口 67.9 万辆，同比增长 1.2 倍，全球销量占比超过 60%，连续 8 年保持全球第一。全球新能源汽车销量排名前十企业中，中国企业占据 3 席，动力电池装机量前十企业中，中国企业占据 6 席。与此同时，充电基础设施建设不断提速。截至 2022 年，全国累计建成充电桩 521 万个、同比增长近 100%，车桩比为 2.5∶1。其中 2022 年公共充电基础设施增长约 65 万台，累计达到 180 万台、直流充电桩为 76.1 万台；私人充电基础设施增长约 190 万台，累计超过 340 万台。近年来，公共直流充电桩占比呈上升趋势，从 2018 年的 36.6%上升至 2022 年的 42.3%。截至 2022 年 12 月，全国汽车换电站保有量为 1973 座，同比增长 52%。中国累计建成动力电池回收服务网点超过 1 万个，基本实现就近回收。截至 2022 年 7 月，中国废旧动力电池回收企业数量已超过 15000 家，通过再生利用等方式回收电池生产所需金属材料，产出高品质电池原材料，积极融入动力电池产业链供应链。2022 年中国氢燃料电池汽车产量、销量分别为 3626 辆和 3367 辆，同比分别增长 105.4%和 112.8%；中国累计建成加氢站 274 座，约占全球的 40%，位居世界第一。2022 年 9 月，上海首批 80 辆燃料电池网约车正式投入运营，这意味着此前发展相对缓慢的燃料电池乘用车迎来了新的发展契机。

（五）建筑用能节能先行，能效水平和清洁能源应用水平提升

建筑能效稳步提升。近十年，中国高度重视城乡建设领域节能降碳工作，持续提高新建建筑节能标准、稳步推进既有建筑节能改造，建筑节能发展取得重大进展。在新建建筑节能方面，多年来陆续开展民用建筑、公共建筑和各气候区居住建筑节能设计标准修订工作，持续提高新建建筑节能要求，实现新建建筑能效水平显著提高。国家强制性标准《建筑节能与可再生能源利用通用规范》（GB 55015—2021）于 2022 年 4 月开始实施，其中新建居住建筑、公共建筑平均设计能耗水平在 2016 年执行的节能设计

标准基础上又分别降低了30%和20%，要求严寒和寒冷地区居住建筑平均节能率达到75%，其他气候区居住建筑平均节能率应为65%；公共建筑平均节能率为72%。以该标准确定的节能指标要求为基线，中国启动实施新建民用建筑能效“小步快跑”提升计划，开始分阶段、分类型、分气候区提高城镇新建民用建筑节能强制性标准。目前，中国新建建筑节能水平已与发达国家接近，基本实现了从“跟跑”到“并跑”的转变。“十三五”时期，累计建成节能建筑面积超过238亿平方米，节能建筑占城镇民用建筑面积比例超过63%。而且，更加严格的国家推荐性标准《近零能耗建筑技术标准》（GB/T 51350—2019）于2019年9月起实施，是国际上首部以国标形式颁布的近零能耗建筑领域的技术规范。该标准提出了不同气候区、不同类型的超低能耗建筑的室内环境参数、建筑能耗指标等约束性控制指标，实现了标准体系的突破，引领带动新建建筑节能迈向更高水平。“十三五”时期，累计建设超低能耗建筑规模超过1000万平方米，年节能能力近10万吨标准煤。在既有建筑改造方面，针对北方采暖地区和夏热冬冷地区既有居住建筑保温隔热性能差、室内温度低、结露发霉现象严重等问题，持续推进既有居住建筑节能改造。通过围护结构、用能系统节能改造等措施，既有居住建筑门窗气密性显著增强，隔音防尘效果明显提升，内墙体发霉结露现象得到好转，室内温度冬季普遍提升3-5℃，夏季降低2-3℃，舒适性得到改善。“十三五”时期，共完成既有居住建筑节能改造面积5.1亿平方米，惠及超过642.5万户居民，年可节约349.5万吨标准煤、减少二氧化碳排放约863.3万吨。针对公共建筑能耗水平高、增长势头猛、节能改造进展缓慢等突出问题，通过重点突破、全面带动的方式，自2011年至2017年，有关部门先后启动三批32个公共建筑能效提升重点城市建设工作，大力推广合同能源管理，初步形成了市场机制为主、政府引导为辅的公共建筑节能改造模式。“十三五”时期，累计完成公共建筑节能改造面积1.85亿平方米，年可节约71.8万吨标准煤，实现二氧化碳减排量143.6万吨，能效提升效果凸显。

可再生能源在建筑领域的应用规模明显增加。在建筑领域应用可再生能源是替代传统化石能源消耗的有效途径，是促进建筑用能结构优化的重要举措。浙江省于2012年率先发布地方性法规，将空气热能纳入可再生能源范畴，随后建立标准体系，将空气源热泵热水器与太阳能生活热水系统并列，开创了国内空气源热泵作为可再生能源建筑应用形式的先河。经过多年的科学研究和广泛的应用实践，《建筑节能与可再生能源利用通用规范》进一步将空气源热泵系统列为可再生能源建筑应用系统之一，丰富了可再生能源建筑应用类型。在太阳能热水系统推广应用、整县（市、区）推动屋顶分布式光伏开发等政策的推动下，各地逐步建立健全推广机制及相关技术标准体系，持续扩大可再生能源在生活热水、清洁供暖及新型电力系统等领域的应用规模，且不断推进技术进步和创新。太阳能、空气源热泵、电能、天然气等相结合的多能互补综合能源系统在建筑用能领域得到广泛应用，助力实现供能更加安全可靠、经济高效；美观与功能兼具的光伏幕墙、采光顶、柔性屋顶等建材型光伏产品陆续涌现，太阳能光伏建筑一体化水平得到提升；以“光储直柔”为特征的新型建筑电力系统项目相继落地，正成为优先消纳可再生能源电力、主动参与电力需求侧响应的重要路径。截至“十三五”时期末，建筑太阳能热水系统应用集热面积达到 3.2 亿平方米，太阳能光伏发电应用装机容量 3000 万千瓦，浅层地热能应用面积约 6 亿平方米，可再生能源建筑应用每年对传统能源替代量超过 5000 万吨标准煤，城镇可再生能源替代率已在 6%以上，比 2015 年末提高 2 个百分点，可再生能源建筑应用推广取得一定成效。

民用供热用能显著清洁化。截至 2022 年，中央财政分五批共支持 88 个试点城市开展清洁取暖工作，从“热源侧”和“用户侧”两方面实施清洁取暖改造，推动实现清洁供、节约用的高效经济清洁取暖模式。在实施清洁取暖工作中，城区重点发展集中取暖，县城优先规划建设符合环保排放要求的清洁燃煤热源和生物质热电联产，条件适宜地区积极推进工业余热取暖。农村地区根据资源条件，按照“以供定改、先立后破”的原则，稳妥推进“煤改电”，因地制宜发展地热、生物质能、太阳能、集中供暖等清洁取暖方式。非重点地区农村确不具备清洁取暖条件的，采用“洁净煤+专用炉具”取暖。而且，依据不同地区建筑节能性能和当地经济条件，注重实施既有建筑节能改造。引导新建农房执行相关标准，推动北方地区农房节能改造，在太阳能资源丰富的农村地区，鼓励建设被动式太阳能暖房。2021 年北方城镇供暖面积达到 162 亿平方米，供暖商品能耗 2.12 亿吨标准煤，占全国建筑运行总能耗的 19.1%。随着建筑保温性能的加强，高效热源占比的提高和运行管理水平的提升，北方城镇每平方米供暖能耗从 2012 年的 16.1 千克标准煤降到 2021 年的 13.1 千克标准煤，10 年累计降幅近 20%。从热源结构看，北方城镇建筑供热热源中的燃煤热电联产约占 58.3%、燃气热电联产约占 4.5%、燃煤锅炉约占 15.5%、燃气锅炉约占 19.3%，电供暖（包括直接电热供暖和热泵供暖）、工业余热等其他热源占比较低。截至 2021 年，北方地区清洁取暖面积约 156 亿平方米，清洁取暖率达到 73.6%，比 2016 年提高近 40 个百分点，累计替代散煤 1.5 亿吨以上。

（六）优化节约用能举措，助力全社会绿色低碳转型

以能耗双控推进节能减排并实时调整。自“十一五”时期以来，中国把单位 GDP 能耗指标列为控制能源消费的约束性指标之一，将节能降耗作为转方式、调结构的重要抓手。2017 年国务院发布的《“十三五”节能减排综合工作方案》明确要求，到 2020 年单位 GDP 能耗比 2015 年降低 15%，能源消费总量控制在 50 亿吨标准煤以内。国家层面将能耗总量控制指标和能耗强度下降目标逐层向下分解，各级地方政府均纷纷出台具体措施。多地在加强节能监察、淘汰落后产能、限制高耗能高污染“两高”产业无序发展、发挥价格机制引导产业转型等方面出台举措，推动各地能源利用效率全面提升。各地区节能减排工作取得的明显成效，促使中国 2020 年单位 GDP 能耗强度比 2005 年累计下降 42%以上，能源消费弹性系数从“十五”时期的 1.25 下降到“十三五”时期的 0.49，碳强度年均降幅达到 4%–5%。针对经济社会发展面临的新形势，为更好统筹发展和减排的关系，中国不断完善能源消费总量控制制度。2022 年，中国有关部门陆续出台政策，新增可再生能源电力消费量不纳入能源消费总量控制，并明确原料用能从能源消费总量中扣除。2023 年，中央全面深化改革委员会第二次会议，审议通过了《关于推动能耗双控逐步转向碳排放双控的意见》，这将为中国能源生产和消费实现绿色低碳转型提供新的制度约束和政策引导。

全社会资源节约和绿色低碳意识不断增强。近十年，中国采取低碳试

点、低碳宣传、低碳园区、低碳社区建设等方式，推动全社会提升节约意识、低碳意识、环保意识、生态意识，形成推进绿色低碳发展的良好社会氛围。全国节能宣传周活动、低碳日活动持续深化，全民响应积极参与，不断推动绿色低碳发展。其一，在建设节约型机关方面，12 万余家县级以上党政机关申报建成节约型机关，中央和国家机关本级全部建成节约型机关。5114 家公共机构建成节约型公共机构示范单位，376 家公共机构被评为能效“领跑者”，168 家公共机构被评为水效“领跑者”。2021 年全国公共机构人均综合能耗、单位建筑面积能耗与 2012 年相比分别下降 21.7%和 18.8%。其二，在绿色出行方面，绿色出行宣传月和公交出行宣传周活动连续多年开展。自 2011 年起开展国家公交都市建设示范工程以来，先后确定北京等 87 个城市为公交都市创建城市，已有 33 个城市命名为“国家公交都市建设示范城市”，加快确立城市公共交通的主体地位。其三，在低碳社区建设方面，2015 年国家发展改革委发布的《低碳社区试点建设指南》提出，打造一批符合不同区域特点、不同发展水平、特色鲜明的低碳社区试点，探索利用碳排放市场支持低碳社区试点的有效模式。全国各地纷纷探索低碳社区建设，开展碳中和主题宣传活动。通过一系列举措，全社会的绿色低碳意识逐步增强。2017 年国家发展改革委发布《关于开展第三批国家低碳城市试点工作的通知》，确定在全国 45 个城市（区、县）开展第三批低碳城市试点，同时在不断完善体制机制、产业结构调整、能源结构优化、节能提高能效、提高公众意识等方面开展了大量工作，探索符合本地实际的低碳发展路径。其四，在企业节能减排方面，各行业各企业积极行动。电力、煤炭、钢铁、有色、建材、石化、化工、印染、造纸等“两高”行业深入开展以“三比一降”（比创新、比技能、比管理、降能耗和排放）为主要内容的达标竞赛活动，促进资源能源节约高效利用，推动重点领域、重点环节节能减排取得新成效，并在推进绿色发展中充分发挥广大职工的主力军作用。尤其是国有企业带头行动，有力促进重点行业节能减排目标任务的完成，引领各行业广泛、深入地开展节能降耗工作。

不断完善的能源基础设施持续提高能源公共服务水平。2012 年，国务院新闻办公室发布的《中国的能源政策（2012）》白皮书提出，统筹城乡能源协调发展，加强能源基础设施建设，改善广大农村和边疆少数民族地区用能条件，提高能源基本服务均等化水平，让能源发展成果更多地惠及全体人民。国家发展和改革委、国家能源局发布《能源发展“十三五”规划》及《可再生能源发展“十三五”规划》，全面推进能源惠民工程建设，着力完善用能基础设施，精准实施能源扶贫工程，切实提高能源普遍服务水平，实现全民共享能源福利。在电力领域，近十年先后实施无电地区电力建设工程和农网改造升级，大电网覆盖到所有县级行政区，实现了村村通动力电，农网供电可靠率达到99.8%，在发展中国家率先实现了人人有电用。在天然气领域，城镇和乡村燃气普及程度均得到提高。近十年城镇用气人口逐年增加，从2010年的1.9亿人增至2020年的5.3亿人，占总人口的比重从14.0%增至37.5%，城镇气化率从2010年的28.2%增至58.8%，均实现翻番。乡村用气范围不断扩大，供气服务水平得到提升。天然气利用从城镇向乡村地区延伸，全国建制镇燃气普及率从2010年的45.1%增至2020年的55.6%；2020年全国村庄的燃气普及率达到34.6%。四川、山东和云南等省份，通过管道气、液化天然气（LNG）“点供”和罐箱“一罐到底”等多种方式逐步推进天然气在乡村的应用，有序实施“燃气下乡”政策，“气代煤”和“气代柴”效果初显。在供热领域，2017年十部委联合发布《北方地区冬季清洁取暖规划（2017—2021）》，对北方地区清洁能源取暖工作进行了整体部署，清洁能源取暖比例持续提升。截至2021年，北方地区冬季清洁取暖率超过70%。

二、中国能源消费革命展望

党的二十大报告指出：推动经济社会发展绿色化、低碳化是实现高质量发展的关键环节。深入推动能源消费革命既是促进经济社会发展全面绿色转型的主要切入点，也是引领整个能源领域低碳发展、建设新型能源体系、助力实现碳达峰碳中和目标的重要手段。未来十年，中国发展进入战略机遇和风险挑战并存、不确定难预料因素增多的时期，能源领域改革发展面临的技术挑战、安全风险等不少深层次矛盾躲不开、绕不过。节约优先、消费升级和低碳转型始终是能源消费革命的主攻方向。随着能源革命持续深入推进，能源消费增速有望逐步放缓，2030 年单位 GDP 能耗强度有望比 2005 年下降 55%-60%。

（一）能源消费结构持续调整优化，新业态新模式有望蓬勃发展

工业、建筑、交通领域绿色低碳转型使得用能增长明显放缓。中国特色社会主义进入新时代，满足人民日益增长的美好生活需要，需求结构将呈现多层次多样化，对物质产品和能源服务需求还将客观增长。中国亟需通过推进各领域绿色低碳转型，才有望以更高效、更清洁的能源利用支撑未来生产生活的可持续发展。2021 年国务院发布的《2030 年前碳达峰行动方案》提出，重点实施能源绿色低碳转型行动、节能降碳增效行动、工业领域碳达峰行动、城乡建设碳达峰行动、交通运输绿色低碳行动、循环经济助力降碳行动、绿色低碳科技创新行动、碳汇能力巩固提升行动、绿色低碳全民行动、各地区梯次有序碳达峰行动等“碳达峰十大行动”。其中围绕能源消费，国家作出了一系列的节能降耗部署，包括城市节能降碳工程、园区节能降碳工程、重大节能降碳技术示范工程、实施重点行业节能降碳工程。工业领域看，强调优化产业结构，加快退出落后产能，大力发展战略性新兴产业，加快传统产业绿色低碳改造，明确推动钢铁、有色、

建材、石化行业碳达峰举措；建筑领域看，强化城乡建设绿色低碳转型，提升建筑能效水平，优化建筑用能结构，推进农村建设和用能低碳转型；交通领域看，推动运输工具装备低碳转型，构建绿色高效交通运输体系，完善绿色交通基础设施建设。通过这些主要领域的节能降耗工作，实现以较少能源消费保障经济社会生产和生活水平的进一步提高。

消费深度转型将推进能源结构持续优化。化石能源短中期作为安全保障基础的主力地位难以动摇，而中长期被非化石能源逐步替代的大趋势也难以阻挡。《2030 年前碳达峰行动方案》对能源绿色低碳转型作出明确部署，特别强调对传统化石能源消费要持续替代升级。其中，为推进煤炭消费替代和转型升级，提出“十四五”时期要严格合理控制煤炭消费增长、到“十五五”时期逐步减少的目标，明确大力推动煤炭清洁利用、合理划定禁止散烧区域、逐步减少直至禁止煤炭散烧的举措，多措并举、积极有序推进散煤替代。为合理调控油气消费，提出逐步调整汽油消费规模、大力推进先进生物液体燃料和可持续航空燃料等替代传统燃油、提升终端燃油产品能效等措施。综合来看，到 2030 年，煤炭消费量、石油消费量均将渐次达峰，天然气、非化石能源消费量还将保持较快增长。为逐步减少用于直接燃烧的化石能源，必须加快建设新型电力系统，提高终端能源需求中的电气化率。同时，稳步推进氢能利用，经济可行的应用场景不断丰富，应用空间显著扩大。

能源消费新形态、新模式推动高品质生产生活用能。适应未来能源绿色低碳转型新要求，能源的消费形态和消费模式也将与时俱进发生新变化。在相关政策措施的有力支持下，“多能源网荷储”协调互动、系统高弹性高灵活性、数字化深度赋能等特征将日益显现。其一，未来能源系统形态有望由依靠传统集中供能的“源随荷动”为主向“多能源网荷储”协调互动转变。《“十四五”现代能源体系规划》强调，健全分布式电源发展新机制，推动电网公平接入；培育壮大综合能源服务商、电储能企业、负荷集成商等新兴市场主体；破除能源新模式新业态在市场准入、投资运营、参与市场交易等方面存在的体制机制壁垒；创新电力“源网荷储”一体化和多能互补项目规划建设管理机制。这些措施的落实，有望推动分布式发电与供热、用户侧储能、智能微电网、主动配电网等新业态不断涌现；产销者、聚合商、“电热冷气”一体化能源服务等新商业模式陆续面世。其二，激发各类灵活性资源调节能力，构建柔性灵活的新型电力系统。不断整合分散需求响应资源，引导用户优化储用电模式，高比例释放居民、一般工商业用电负荷的弹性，以此加快建设电力需求侧响应能力；引导大工业负荷参与辅助服务市场，鼓励电解铝、铁合金、多晶硅等电价敏感型高载能负荷改善生产工艺和流程，发挥可中断负荷、可控负荷等功能；开展工业可调节负荷、楼宇空调负荷、大数据中心负荷、用户侧储能、车辆到电网（V2G）能量互动等各类资源聚合的“虚拟电厂”示范。今后能源系统灵活性响应能力将得到明显提高。能源系统保障稳定运行模式将由以往主要依靠多备份、高备用率为主要措施，逐渐转换为依靠广泛调度分散分布的灵活响应资源。其三，数字化有望全面赋能各类能源消费。数字化是促进系统集成的重要技术手段。随着多能源、多用户、多场景的融合发展，数字技术必将深度赋能“源网荷储”各环节。今后有望实现“电、热、冷、气”多网融合、多能互补、全局调度优化，显著提升能源资源的综合利用率。数字化还可将能源网络上的高价值数据转化为生产要素，培育新产业，创造更多经济价值，利用数字技术的正外部性抵消传统能源系统转型成本，更好促进能源绿色低碳转型。

（二）数字化低碳化赋能节能减排，工业用能高效发展走实走深

以系统性思维和数字化技术推进工业领域能源消费绿色转型。《“十四五”工业绿色发展规划》提出，实施工业领域碳达峰行动，推进各行业落实碳达峰目标任务、实行梯次达峰。着力加快推动工业绿色发展，把绿色发展理念贯穿工业生产全过程、全链条、全领域，将系统推动产业结构高端化、能源消费低碳化、资源利用循环化、生产过程清洁化、产品供给绿色化、制造流程数字化等六个方面转型。不断健全绿色低碳标准体系，完善绿色评价和公共服务体系，强化绿色服务保障，构建完整贯通的绿色供应链，全面提升绿色发展基础能力。逐步构建绿色低碳技术体系，推动新技术快速大规模应用和迭代升级，抓紧部署前沿技术研究，完善产业技术

创新体系，强化科技创新对工业绿色低碳转型的支撑作用。面向未来，将以数字化转型驱动生产方式变革，推动5G、大数据、人工智能等新一代信息技术提升能源、资源、环境管理水平，赋能绿色制造；将大力提升钢铁、有色金属、建材等重点行业，以及数据中心等重点领域能效水平；将继续推动落后产能退出，坚决遏制“两高”项目盲目发展，培育壮大战略性新兴产业，优化区域产业布局。力争到2025年，工业产业结构、生产方式绿色低碳转型取得显著成效，绿色低碳技术装备广泛应用，能源资源利用效率大幅提高，绿色制造水平全面提升，为2030年工业领域碳达峰奠定坚实基础。

工业领域煤炭减量替代和电能替代继续有效推进。深入对标《工业重点领域能效标杆水平和基准水平（2023年版）》、有效落实《高耗能行业重点领域节能降碳改造升级实施指南（2022年版）》要求，持续实施《“十四五”工业绿色发展规划》，加快产业结构优化升级，全面提高资源利用效率，加速技术变革，以数字化智能化赋能工业绿色化。有序推进煤电机组改造升级，加快推进化工、钢铁、建材等行业煤炭减量替代和电能替代。到2025年，电能占工业终端能源消费比重达到30%左右；全国火电平均供电煤耗降至300克标准煤/千瓦时以下，化工领域达到标杆水平的产能比例超过30%，吨钢综合能耗降低2%，水泥行业能效标杆水平以上的熟料产能比例达30%以上。重点工业领域能效全面提升，钢铁、石化及化工、有色金属、建材等行业重点产品能效达到世界先进水平，力争到2025年、2030年，规模以上工业单位增加值能耗分别比2020年下降13.5%和20.0%以上。

煤电机组改造升级持续推进。其一，按计划继续推进煤电行业实施节能降耗改造、供热改造和灵活性改造“三改联动”，实现煤电领域灵活高效、清洁低碳的高质量发展目标。其二，探索发展煤与生物质耦合发电。突破直接混燃耦合发电技术、分烧耦合发电技术、生物质气化与煤混燃耦合发电技术难题，综合考虑发电成本、发电效率，因地制宜确定生物质耦合燃煤发电的最优方式，明确混燃生物质种类及其掺烧比例，推动煤与生物质耦合发电规模化发展，有效替代煤炭。其三，推动新能源与煤电深度融合发展。通过化学转化、电力、热力等多种方式，实现煤电与太阳能、风能、生物质能、地热能等新能源耦合发展。重点围绕沙漠、戈壁、荒漠地区推动大型风电、光伏基地建设，结合清洁高效煤电、新型储能、光热发电等调节支撑性资源，形成多能互补的开发建设格局。充分发挥煤矿区的土地和新能源资源等优势，推动建设多元协同的清洁能源系统，将煤矿区建设成为地面-井下一体化的清洁能源基地。充分发挥煤电的兜底保障作用和灵活调节能力，有力支撑构建新能源占比不断提高的新型电力系统。

石油和化工用能结构调整取得更好成效。其一，行业整体能效水平显著提升，碳排放强度明显下降，绿色低碳发展能力继续增强。通过使用高比例绿色能源，探索推动蒸汽驱动向电力驱动转变，开展企业供电系统适应性改造，结合原料结构优化调整、工艺节能改造、公用工程节能改造等多层级节能降碳行动，加强工艺余热、余压回收，实现能量梯级利用。力争到 2025 年，全国化工达到标杆水平的产能比例超过 30%；到 2030 年，达到标杆水平企业比例大幅提升，行业整体能效水平和碳排放强度达到世界先进水平。其二，依靠先进化工、能源技术进步和推广，初步构建石化及化工流程再造与新能源耦合体系。以科技创新、能源耦合互联网创新和管控模式创新为引领，构建石油和化工行业与风电、光伏、氢能、核能等多能互补的能源耦合体系。通过分子炼油、原油直接裂解、新型煤化工、油煤化一体化等技术促进不同产业链的融合，拓展化石原料的高效利用途径，确保新建项目能效水平处于世界先进水平。其三，继续深化产业结构调整，在更高的准入门槛下淘汰落后产能，通过规模效应降低能耗水平。新建炼油项目将实施产能减量置换，新建电石、尿素项目实施产能等量或减量置换。200 万吨及以下炼油装置、以明火高温加热方式生产油品的釜式蒸馏装置、天然气常压间歇转化工艺制合成氨装置、单台炉容量小于 12500 千伏安的电石炉及开放式电石炉都将被逐步淘汰；30 万吨及以下乙烯装置、单系列 60 万吨以下规模对二甲苯装置、10 万吨及以下电石装置将加快退出；1000 万吨以下常减压装置、150 万吨以下催化裂化装置、100 万吨以下连续重整（含芳烃抽提）装置、150 万吨以下加氢裂化装置、80 万吨以下石脑油裂解制乙烯装置，以及固定层间歇气化技术制合成氨装置将禁止新建。

钢铁行业绿色化、数字化程度显著提高促使能效进一步提升。其一，推动产业结构持续优化升级。鼓励重点区域提高淘汰标准，淘汰步进式烧结机、球团竖炉等低效率、高能耗、高污染工艺和设备；鼓励具有环境容量、碳排放指标、市场需求、资源能源保障，且钢铁产能相对不足的地区承接转移产能，鼓励钢铁冶炼项目依托现有生产基地集聚发展。进一步提升产业集中度，继续打造若干家世界超大型钢铁企业集团及专业化一流企业，力争到2030年排名前10的钢铁企业产量总和占全国总产量比重达60%以上。炼钢工艺结构明显优化，到2030年电炉钢产能占比提升到20%以上，实现炼钢总体水平有效提升。其二，加快先进工艺技术研发突破与普及推广。以系统能效提升、资源循环利用、流程优化创新等技术路线为主，积极推进产品迭代升级。推进高效率低成本洁净钢冶炼、节能环保等关键共性技术，先进电炉及其制造流程、近终形制造、特种冶炼、高端检测等通用专用装备和零部件生产技术的规模化应用。推动烧结烟气循环、高炉煤气精脱硫、高效脱硫脱硝、中低温余热利用、钢渣高附加值资源化利用等技术产业化应用。富氢碳循环高炉冶炼、氢基竖炉直接还原铁、碳捕集等技术取得突破应用。进一步加强副产焦炉煤气或天然气直接还原炼铁、高炉大富氧或富氢冶炼、熔融还原、氢冶炼等低碳前沿技术的基础理论研究，推动开展试点示范。其三，以极致能效促行业整体节能低碳水平提升。2022年12月发布的《钢铁行业能效标杆三年行动方案》，鼓励创建“双碳最佳实践能效标杆示范厂”，借助“技术清单、能力清单、政策清单”实现成熟技术快速准确应用和绿色低碳高质量转型发展。通过深度节能技术应用与装备升级改造，创新关键界面技术，加强全流程物质流与能量流协同耦合，集成优化智慧能源系统，强化余热余能回收与利用，实现能源精细化管控，做到全系统极致能效，确保2030年前钢铁行业实现碳达峰，力争具备较2020年二氧化碳排放总量降低15%的资源条件和技术能力。其四，持续推动数字赋能钢铁领域绿色低碳转型。继续推进第五代移动通信技术（5G）、大数据、人工智能、云计算、互联网等新一代信息技术在能源管理的创新应用，鼓励研究开发能效机理和数据驱动模型，建立设备、系统、工厂三层级能效诊断系统，通过动态可视精细管控实现核心用能设备的智能化管控、生产工艺智能耦合节能降碳、全局层面智能调度优化及管控、能源与环保协同管控，推动能源管理数字化、网络化、智能化发展，进一步提升钢铁行业整体能效水平。

（三）绿色用能方式赋能现代农业，绿色要素有力支撑乡村振兴

农村绿色用能体系有望基本建成。“十四五”时期，坚持以绿色低碳为目标构建农村新型能源体系，一批农村能源绿色低碳试点项目将陆续建成，风电、太阳能、生物质能、地热能等非化石能源占农村能源的比重将会稳步提升。中国着力推动实施《农村能源革命试点县建设方案》，到2025年，试点县可再生能源在一次能源消费总量占比超过30%、在一次能源消费增量中占比超过60%；到2030年，可再生能源有望在全国各县得到广泛应用。其一，实施“千家万户沐光行动”，建成1000个左右光伏示范村；实施“千万乡村驭风行动”，推动100个左右的县、10000个左右的行政村开发乡村风电。其二，建设规模化生物质热电联产项目、生物天然气项目、生物质热解气化项目、生物质液体燃料项目；建设区域有机废弃物集中处理沼气生物天然气项目、园区型“养殖-沼气-种植”项目和农户庭院型沼气项目，在种植养殖大县开展生物天然气示范，稳步推进生物质能多元化开发利用。其三，鼓励采取地热区块整体开发方式，推广“地热能+”多能互补的冬季供暖、夏季供冷，支持开展地热能与旅游业、种植养殖业及工业等产业的综合利用，推动探索地热能发电与其他可再生能源发电一体化发展，积极推进地热能规模化开发。同时，持续巩固提升农村电网，构建适应大规模分布式可再生能源并网的智能配电网，探索扩大可再生能源终端直接应用规模，构建以风电、光伏、生物质能为主，天然气、储能为辅，高度自给的新能源微能网，推动绿色电力就近直接消纳。

绿色低碳的农村生活方式基本形成。其一，稳妥有序推进北方农村地区清洁取暖，到2025年，大气污染防治重点区域散煤基本清零，基本淘汰35蒸吨/小时以下燃煤锅炉，国家大气污染防治重点区域试点县平原地区实现炊事、取暖和农业散煤基本清零，力争在2030年实现散煤全部被替代。因地制宜推广以农林生物质、生物质成型燃料等为主的大中型生物质

锅炉集中供暖模式，以及“户用生物质成型燃料+清洁炉具”供暖模式；在地热资源丰富、面积较大的乡镇，优先开展地热能集中供暖；开展“风光+蓄热电锅炉”及“离网型光伏发电+蓄电池供电”等供暖模式，逐步构建起多能互补的清洁供暖体系，不断提高清洁能源在农村取暖用能中的比重。其二，适度超前建设充电基础设施，助力新能源汽车下乡。着力推动县城、乡镇公共充电基础设施布局建设。到2030年，建设形成乡村点状布局的充电网络，农村充电服务覆盖率稳步提升。在大型村镇、易地搬迁集中安置区、乡村旅游重点村镇等规划布局充电网络，大力推动在乡镇机关、企事业单位、商业建筑、交通枢纽场站、公共停车场、物流基地、公路沿线服务区（站）等区域布局建设公共充电基础设施，结合乡村自驾游发展，加快推动公路沿线、具备条件的加油站等场所充电桩建设，加快实现适宜使用新能源汽车的地区充电站“县县全覆盖”、充电桩“乡乡全覆盖”；在充电桩利用率较低的农村地区，建设提供光伏发电、储能、充电一体化的充电基础设施。着力提升新建充电基础设施运营服务水平。结合农村地区充电设施环境、电网基础条件、运行维护要求等，开展充电设施建设标准制修订和典型场景设计；推动建设充电设施监测服务平台，强化运营商平台互联互通，提升设施可用率和故障处理能力；大力推广应用智能充电基础设施，利用技术手段对充电需求集中的时段和地段进行提前研判，并做好服务保障。通过加快农村地区充电基础设施建设，推动新能源汽车下沉发展，促使新能源汽车逐步替代燃油车、“老头乐”低速电动车等。

能源产业链全方位赋能农业产业链。《“十四五”推进农业农村现代化规划》提出，“十四五”时期实施乡村产业链供应链提升工程，创建500个左右农业现代化示范区，创建一批国家级现代农业产业园。农业产业园区将成为农村能源消费革命率先示范的重要场景之一。其一，充分利用园区种植或养殖中产生的规模化秸秆、畜禽粪便及初级农产品加工过程中产生的加工废弃物等有机废弃物，借助现代生物技术生产燃料乙醇、固体燃料、燃气、沼气、生物质电力等可再生能源产品，不断增加园区内的能源供应，形成“资源-废弃物-资源”的良性循环。其二，持续推进“光伏+”综合利用行动，在农业园区内建设“光伏+”现代农业，通过在光伏板下开展规模化种植养殖以提升土地综合利用价值。到 2025 年，“农光互补”及“渔光互补”等光伏发电复合开发规模有望达到 1000 万千瓦以上。利用低风速技术着力推动风电满足园区农业生产中的用电需求，深入探索“海上风电+海洋牧场”融合发展。其三，因地制宜推动地热能在农业产业园区的应用，按照“合理规划、科学开发、采灌平衡、循环利用”的原则，在为园区供暖的同时将地热循环梯级利用于种植、养殖、育苗等农业生产。在将生物质能、光伏、风电、地热能等可再生能源用于农业生产的基础上，与农产品加工和观光、露营、农业采摘等文旅资源结合，以“新能源+农业”的用能模式优化第一产业、升级第二产业、赋能第三产业，延长农业产业链、供应链、价值链。

农业生物质资源利用新业态、新模式不断涌现。中国首部生物经济五年规划《“十四五”生物经济发展规划》明确提出，要积极开发生物质能源，在生物质发电、热电联产、生物质燃料方面推动生物质能技术的发展和应用。《“十四五”可再生能源发展规划》进一步提出，要推进生物质能多元化开发。其一，着力推动生物质发电有序发展。因地制宜推动直接燃烧、混合燃烧、沼气、气化发电等生物质发电技术在不同场景下的规模化应用，将生物质作为煤电的燃料来源解决新型电力系统中风、光发电带来的不稳定性问题。力争到 2030 年，生物质能利用在可再生能源消费占比提升至 8%左右，生物质发电超过 2000 亿千瓦时。其二，加快生物质能在农村清洁能源供暖领域推广应用。以产业化项目为依托，利用县域及农村地区的秸秆、畜禽粪污等，通过生物质热电联产、厌氧发酵生产沼气和生物天然气，解决县域、乡村清洁供暖难题。支持有条件的县域开展生物质能清洁供暖替代燃煤，建设以生物质成型燃料加工站、生物质锅炉等为主的乡村能源站，统筹协调粮林畜集中生产区，建立以县域为单位的生物天然气示范项目。力争到 2025 年生物天然气年产量超过 100 亿立方米，到 2030 年超过 200 亿立方米。其三，支持生物质液体燃料领域的先进技术装备研发和推广使用。在有条件的地区开展生物柴油推广试点，推进生物质航空燃料示范应用，加快在生物甲醇、绿氨等技术上取得突破，推动生物质液体燃料技术在市政、交通等重点领域，加速从“试验”到“应用”的突破。

（四）交通用能清洁低碳加速发展，用能方式二元结构逐渐形成

交通绿色低碳用能体系可望建成。党的二十大报告指出，要加快建设交通强国。为此，交通运输部、国家铁路局、中国民用航空局、国家邮政局、中国国家铁路集团有限公司联合发布《加快建设交通强国五年行动计划（2023—2027年）》，提出推动绿色铁路、绿色公路、绿色港口、绿色航道、绿色机场建设，到2030年全国营运交通工具单位换算周转量碳排放强度比2020年下降9.5%左右，国家铁路单位换算周转量综合能耗比2020年下降10%。预计至2035年，中国交通领域碳排放总量变化将经历稳步增长期（2020—2025年）与达峰平台期（2025—2035年）两个阶段，基本形成以清洁油品、电力为主的二元交通用能体系。今后，中国将持续推动运输工具装备以电气化为方向的低碳化转型，力争实现陆路交通运输石油消费在2030年前达到峰值。预计全国新能源汽车渗透率将由2025年的40%提升至2030年的60%-80%；城市公交、城市货运配送车辆的纯电动技术加速应用；中长距离公路客运车辆受新能源续航技术进步影响，预计至2030年新能源的中大型客车销售市场占比将提升至18%。铁路内燃机车也将逐步从油电混合动力机车过渡到电电混合动力机车①。液化天然气动力船舶有望在内河航道应用取得实质性进展，预计2030年以醇燃料、生物燃料，以及与传统燃料混合为动力的船舶将完成研发和试点。生物燃料在航空领域不断开展试点示范应用，至2030年可持续燃料混合比例有望逐步加大，民航飞机生物燃料商业化应用进度将逐渐加快。同时，为构建绿色高效交通运输体系、助力交通领域碳达峰，未来货物运输“公转铁”“公转水”、旅客运输“公转铁”“空转铁”将成为重点举措。“十四五”时期，集装箱铁水联运量预计年均增长15%以上。

新能源汽车占比有望大幅提升。2020年10月，国务院办公厅发布的

---

① 电电混合动力机车主要包括“储能电池+接触网”及“蓄电池+氢燃料电池”等，其中“储能电池+接触网”机车可能作为未来替代主体，并辅以持续提升改造的铁路机车节能技术。

《新能源汽车产业发展规划（2021—2035年）》提出，坚持纯电驱动战略取向，纯电动汽车将成为新销售车辆的主流产品，公共领域用车全面电动化。预计到2025年、2030年，中国每千人汽车保有量分别达到260辆和320辆，逐步实现每户一辆车的目标；相应地，汽车保有量将在2025年、2030年分别达到3.7亿辆和4.5亿辆。新能源汽车保有量将在2025年超过3500万辆，2030年有望达到10000万辆，其中纯电动汽车占80%以上；新能源汽车发展可分别替代汽油2700万吨和柴油6500万吨左右。2023年2月，工业和信息化部、交通运输部会同财政部、生态环境部、住房和城乡建设部、国家发展改革委、国家能源局、国家邮政局发布《关于组织开展公共领域车辆全面电动化先行区试点工作的通知》，明确提出2023—2025年新增约100万个公共充电桩，公共领域车桩比达到1∶1。预计到2025年全国充电桩（公桩+随车配建私桩）新增813.3万个，其中公桩新增222.8万个；私用桩（随车配建）新增590.4万个，形成适度超前、布局均衡、智能高效的快速补能基础设施体系，可满足超过3000万辆电动汽车充电需求。新型超级快速充电桩将成为新能源汽车的主要供能设施。诸多车企正投入大量资源建设超级快充站，以完善自身补能体系。搭配超级快充设施，磷酸锰铁锂等新的电池材料加速推广应用，新型凝聚态、半固态、固态电池技术有望进入市场，这些技术和装备将基本解决新能源汽车“里程焦虑”和“等待焦虑”等需求瓶颈问题。2020年2月，国务院发布的《新时代的中国能源发展》提出，加速发展绿氢制取、储运和应用等氢能产业链技术装备，促进氢能燃料电池技术链、氢燃料电池汽车产业链发展。预计到2025年氢能在中国终端能源体系中占比达4%，氢气年需求量将提升至3500万吨以上，国内电解水制氢规模将达到15吉瓦左右，可再生能源电解水制氢取得初步成效；氢燃料电池汽车保有量达3万辆左右，累计建成加氢站300座以上。随着氢气的制造、运输和存储等技术的不断进步，以及加氢站等基础设施的建设和普及，氢燃料电池汽车有望成为新能源汽车的新增长点。

成品油清洁化、低碳化程度进一步提高。交通运输部和科学技术部于2022年1月发布的《交通领域科技创新中长期发展规划纲要（2021—2035年）》提出，构建全寿命周期绿色交通技术体系，加强基础设施绿色建养技术研究与应用，推动运输服务绿色环保技术研发应用，加快低碳交通技术研发应用，推动电能、氢能、氨能、太阳能等低碳能源在载运工具和作业机械等装备上的应用技术研发，加速新能源汽车、清洁能源船舶、新能源飞机等自主设计建造及现代化导航助航设备研发，持续推进汽车、船舶和飞机等使用更加高效、清洁低碳的燃料。此前工业和信息化部、财政部等五部委联合发布的《乘用车企业平均燃料消耗量与新能源汽车积分并行管理办法》提出，对传统能源乘用车年度生产量或者进口量大于 3 万辆的乘用车企业设定了新能源汽车积分比例要求，将新能源汽车积分比例强制纳入考核。自实施“双积分”政策以来，国内汽车行业节能技术水平、油耗管控能力与油品质量得到不断提高。随着 2023 年汽车国六 B 排放标准全面推广，未来车用燃油质量清洁化程度也将不断提升。今后，中国还将通过深入推进汽车排放检验与维护制度，持续开展重型柴油货车的更新替代，持续提升车用燃油质量与低碳化程度。2019 年、2021 年生态环境部分别发布的《生态环境监测规划纲要（2020—2035 年）》和《“十四五”生态环境监测规划》明确提出，开展包含船舶在内的移动源大气污染监控监测。为控制船舶污染物排放，全面提高船用燃油排放标准，生态环境部联合原国家质量监督检验检疫总局分步实施《船舶发动机排气污染物排放限值及测量方法（中国第一、二阶段）》，要求自 2022 年 7 月 1 日起，所有销售、进口和投入使用的船舶发动机的污染物排放，应满足第二阶段排放标准限值。2022 年交通运输部发布的《绿色交通“十四五”发展规划》明确要求，到 2025 年中国将实现营运船舶单位运输周转量碳排放量比 2020 年下降 3.5%，氮氧化物排放量比 2020 年下降 7%。航空燃油领域清洁化进程不断加速。2021 年 12 月，中国民用航空局发布的《“十四五”民航绿色发展专项规划》提出，有序推动纯电动、油电混动飞机在通航领域应用，持续深入推进机场运行电能替代，安全高效使用电动设施设备，减少航空煤油和汽油、柴油消费。2022 年 9 月，中国民用航空局公布的《2022 中国民航绿色发展政策与行动》报告显示，到 2025 年中国民航油耗由 2021 年的吨公里 0.309 千克降至 0.293 千克；生物航煤将成为民航燃料全面脱碳的关键技术，清洁航空燃料消费量将增至 5 万吨，碳排放强度降至吨公里 0.886 千克。可以预见，到

2030 年中国航空运输绿色低碳循环发展体系将趋于完善，实现碳达峰目标。

（五）建筑绿色发展持续全面推进，建筑用能清洁低碳全域普及

低碳高效建筑用能普遍推广。超低能耗建筑较现行节能标准可降低建筑能耗 30%以上，具有高能效、低能耗、高舒适等特点。推进超低能耗建筑规模化发展已纳入《城乡建设领域碳达峰实施方案》等整体部署，相关政策措施开始密集出台、推广速度明显加快。河北、内蒙古、辽宁、江苏、山东等省份计划进一步提升建筑节能设计标准，力争到 2025 年城镇民用建筑全面执行超低能耗建筑标准。上海市提出到 2025 年，新建居住建筑执行超低能耗建筑标准的比例达到 50%，到 2030 年新建民用建筑全面执行超低能耗建筑标准。同时，财政、金融等超低能耗建筑支持政策相继出台，资金奖励、容积率奖励、支持商品房开发、绿色金融等具体措施不断强化，超低能耗建筑强制性和引导性相结合的政策体系已初步形成，政策精准度、有效性有望进一步提升。而且，既有建筑超低能耗改造项目在黑龙江、北京、河北、山东、上海、广东等省份陆续实施，开始显现良好效果。其中，黑龙江省先行先试，率先明确“十四五”时期将改造超低能耗建筑面积 220 万平方米。在一系列利好政策和举措的带动下，超低能耗建筑建设规模将呈快速增长趋势，“十四五”时期建设规模有望大幅超过《“十四五”建筑节能与绿色建筑发展规划》中的近零能耗建筑 5000 万平方米目标，推动建筑用能更加低碳高效，推进城乡建设绿色低碳发展。

可再生能源建筑应用全面普及。中国可再生能源建筑应用从项目示范，到区域示范，再到全面推广，将逐步实现全面普及，有效落实建筑领域降碳、减污、扩绿、增长的总体要求。其一，关键政策将有力引领可再生能源全面应用。《城乡建设领域碳达峰实施方案》提出推进新建建筑太阳能光伏一体化建设，到 2025 年新建公共机构建筑、新建厂房屋顶光伏覆盖率力争达到 50%，并推动既有公共建筑屋顶加装太阳能光伏系统。在太阳能资源较丰富的地区及有稳定热水需求的建筑中，积极推广太阳能热水建筑

应用；因地制宜推进地热能、生物质能应用，推广空气源等各类电动热泵技术，以太阳能光伏建筑应用为代表的可再生能源逐步实现全面普及，成为优化建筑用能结构的重要举措。其二，强制性规范确保新建建筑太阳能应用全面覆盖。《建筑节能与可再生能源利用通用规范》规定，新建建筑应安装太阳能系统，要求新建建筑根据气候条件、建筑类型及用能需求等因素，强制安装太阳能热水系统或光伏发电系统，确保新建建筑太阳能应用全覆盖。其三，建筑可再生能源应用前景广阔。随着经济社会高质量发展，夏热冬冷地区冬季供暖需求日益增加，实现夏热冬冷地区清洁供暖已成为民生所向、大势所趋。空气源热泵是电力高效转化为热量的最佳途径之一，且顺应建筑终端电气化的发展趋势，在夏热冬冷地区市场潜力巨大。同时，在北方城镇供暖地区，亟须因地制宜推广利用可再生能源供热的清洁低碳供暖方式，优化热源结构。可再生能源建筑应用历经多年发展，推广机制成熟，标准体系相对完善，技术形式丰富多样，技术经济性不断提升，应用场景广泛，将迎来高速发展阶段，预计到 2025 年城镇可再生能源替代率将达到 8%，到 2030 年有望达到 10%以上。

建筑终端电气化水平持续提高。随着清洁取暖工作的持续推进，太阳能生活热水应用的推广普及，建筑采暖、生活热水等用电比例不断提高，截至 2022 年中国建筑终端电气化率已达到 44. 9%。但总体上看，建筑终端电气化尚处于起步阶段，建筑用能中采暖、生活热水、炊事等方面非电能源供给仍分别占到 90%、50%和 80%，利用电能替代非电能源还有很大的潜力和发展空间。基于建筑采暖、生活热水和炊事用能需求和特点，识别其电气化的关键问题，构建技术可行、经济合理的电能替代技术路径和政策体系成为今后发展的关键环节。政策体系方面，在“双碳”目标指引下，要充分发挥电力在建筑终端消费清洁性、可获得性、便利性等优势，建立以电力消费为核心的建筑能源消费体系，引导建筑供暖、生活热水、炊事等向电气化发展，推动建筑终端电气化，加快优化建筑用能结构，被不断纳入到建筑节能相关政策之中。《北京市碳达峰实施方案》中明确要禁止新建和扩建燃气独立供暖系统，有序开展地热及再生水源热泵替代燃气供暖行动，在降低非电能源消耗的同时，实现对电能的节约高效利用。《上海市城乡建设领域碳达峰实施方案》提出引导建筑供暖、生活热水、炊事等向电气化发展，推广空气源等各类电动热泵技术，实现电能的高效利用。《山西省城乡建设领域碳达峰实施方案》提出推动开展新建公共建筑全面电气化，到2030年电气化比例达到20%。技术路径方面，要优先使用可再生能源电力满足电能替代项目的用电需求，着力推广高效节能的热泵等电替代技术，或者优先使用可再生能源降低化石能源需求后进行电能替代，是实现建筑终端电气化的有效手段。在一系列政策措施、技术标准、试点示范项目的协同推进下，采暖、生活热水、炊事等领域以电代气、以电代煤、以电代柴等将有序加快实施。根据《"十四五"建筑节能与绿色建筑发展规划》《城乡建设领域碳达峰实施方案》，到2025年中国建筑用电占建筑能耗比例超过55%、到2030年超过65%，电力有望成为建筑终端用能的主要方式。

（六）绿色低碳消费理念深入民心，数字智能拓展节约用能空间

基于数字化理念推进能源消费节能提效。2023年，国家能源局发布的《关于加快推进能源数字化智能化发展的若干意见》提出，针对电力、煤炭、油气等行业数字化智能化转型发展需求，要以数字化智能化技术融合应用补齐转型发展短板，以智能化措施加快用能环节的节能提效，以新模式新业态促进数字能源生态构建，推动多元化应用场景试点示范和共性技术突破，加快传统能源与数字化智能化技术相融合，促进能源数字经济和绿色循环经济协同发展。在未来能源绿色转型过程中，数字化智能化将充分挖掘和利用各类能源全生命周期数据价值，如5G技术为能源消费提供超大带宽、超低时延的通信能力，物联网技术实现海量设备在线接入和数据采集，云计算和人工智能技术提高能源大数据的计算、处理和分析效率。其一，能源企业通过数据分析优化决策，进而提升能源生产、加工、输送、交易与消费的运营效率，最终提高能源系统整体效率与安全性。以电力系统为例，清洁能源大规模接入，分布式能源、储能、电动汽车、智能用电设备等交互式设施大量使用，通过广泛运用大数据、云计算、物联网、人工智能等先进信息技术，电力系统将向更加高效化、互动化、智能化方向

发展。其二，数字化驱动能源服务模式及消费者方式不断创新。今后能源服务将向多元化、综合化发展，为消费者提供丰富的用能选择，能源消费者与供应者的关系将逐渐从单向供需关系向双向互动模式转变。能源消费者会从单一消费角色转变为消费、生产、交易和储存等多重角色，其交易决策不仅取决于价格，而且能源的品质、使用便捷性、环境影响、技术变革等因素也会成为重要的考量因素。其三，低碳转型、能源转型与数字化转型的深度融合，正在驱动能源供需方式和商业生态发生深刻变化，催生新的商业模式和新业态。如通过整合能源咨询、绿能替代、多能互补、投建运一体化、能效管理、碳资产管理、数字化平台等能力提供一站式智慧能源服务，可实现与用户双向互动和能源生态数据共享；数字技术及互联网公司等非传统能源企业进入市场，将形成传统能源企业与新兴服务商共存的商业生态。

更加生动的绿色低碳生产生活新风尚日益普及。国务院发布的《2030年前碳达峰行动方案》要求，实施绿色低碳全民行动，加强生态文明宣传教育，推广绿色低碳生活方式，引导企业履行社会责任，强化领导干部培训。今后十年，全国有望开启能源消费与生活治理新篇章，将在居民自身的绿色消费习惯、企业自觉承担绿色发展的社会责任上取得新成效。其一，居民日常生活习惯有望更加绿色低碳。2023 年，生态环境部、中央精神文明建设办公室、教育部、共青团中央、全国妇联等五部委联合发布新修订的《公民生态环境行为规范十条》，包括关爱生态环境、节约能源资源、践行绿色消费、选择低碳出行、分类投放垃圾、减少污染产生、呵护自然生态、参加环保实践、参与环境监督、共建美丽中国等内容，以“节约能源，绿色消费，持续发展”为主题，通过大量宣传引导和政策推动，引导绿色消费行为规范，提升公民生态文明意识、增强公民践行绿色低碳行为的自觉性和主动性，大力倡导绿色低碳出行，如合理规划出行方案、积极践行“135”出行方案，即 1 公里内步行、3 公里内自行车出行、5 公里内公共交通出行，减少私家车使用频率，一起节“尽”所能。其二，企业有望更加积极履行环境、社会和公司治理（ESG）社会责任。随着国有企业、金融领域不断构建接轨国际、符合国情的 ESG 评价体系，ESG 实践也将成为中国企业间的新风尚，引领价值评判体系的重塑。今后中国企业将着力推动绿色办公，通过规范各种办公活动，推行节约行为模式，培养良好节约习惯，以达到能源利用节约化、环境质量友好化，如随手关灯、人走灯灭、多用自然光、少开长明灯，人走电断、减少待机、办公设备长时间不用时关闭电源等，以榜样的力量引导企业提升 ESG 建设水平，为中国经济社会的高质量发展提供助力。

附　　录

（一）2012—2022 年能源消费领域相关政策文件

序号	发布机关	发布时间	文号	文件名称
1	国家发展改革委、国家能源局 国务院办公厅转发	2022/5/30	国办函〔2022〕39 号	《关于促进新时代新能源高质量发展的实施方案》
2	国家发展改革委、国家能源局	2022/3/23	规划文件	《氢能产业发展中长期规划（2021—2035 年）》
3	住房和城乡建设部	2022/3/1	建标〔2022〕24 号	《“十四五”建筑节能与绿色建筑发展规划》
4	国务院	2022/2/11	国发〔2021〕25 号	《“十四五”推进农业农村现代化规划》
5	国家发展改革委、国家能源局	2022/1/29	发改能源〔2022〕210 号	《“十四五”现代能源体系规划》
6	国务院	2022/1/24	国发〔2021〕33 号	《“十四五”节能减排综合工作方案》
7	国家发展改革委、工业和信息化部、住房和城乡建设部等七部委	2022/1/21	发改就业〔2022〕107 号	《促进绿色消费实施方案》
8	交通运输部	2022/1/21	交规划发〔2021〕104 号	《绿色交通“十四五”发展规划》
9	国家能源局、农业农村部、国家乡村振兴局	2021/12/29	国能发规划〔2021〕66 号	《加快农村能源转型发展助力乡村振兴的实施意见》

续表

序号	发布机关	发布时间	文号	文件名称
⑩	工业和信息化部	2021/12/3	工信部规〔2021〕178 号	《“十四五”工业绿色发展规划》
⑪	国务院	2021/10/26	国发〔2021〕23 号	《2030 年前碳达峰行动方案》
⑫	中共中央、国务院	2021/10/24	中发〔2021〕36 号	《关于完整准确全面贯彻新发展理念做好碳达峰碳中和工作的意见》
⑬	国家发展改革委、国家能源局、财政部等九部委	2021/10/21	发改能源〔2021〕1445 号	《“十四五”可再生能源发展规划》
⑭	国务院	2021/2/22	国发〔2021〕4 号	《关于加快建立健全绿色低碳循环发展经济体系的指导意见》
⑮	国务院办公厅	2020/11/2	国办发〔2020〕39 号	《新能源汽车产业发展规划(2021—2035 年)》
⑯	中共中央、国务院	2019/9/19	中发〔2019〕39 号	《交通强国建设纲要》
⑰	住房和城乡建设部、国家发展改革委、财政部、国家能源局	2017/9/6	建城〔2017〕196 号	《关于推进北方采暖地区城镇清洁供暖的指导意见》
⑱	国家发展改革委、国家能源局	2017/4/25	发改基础〔2016〕2795 号	《能源生产和消费革命战略(2016—2030)》
⑲	国家发展改革委、科技部等十三个部委	2017/1/5	发改环资〔2016〕2705 号	《“十三五”全民节能行动计划》
⑳	财政部、科技部、工业和信息化部、国家发展改革委	2015/4/29	财建〔2015〕134 号	《关于 2016—2020 年新能源汽车推广应用财政支持政策的通知》
㉑	财政部	2013/7/31	财建〔2013〕390 号	《关于分布式光伏发电实行按照电量补贴政策等有关问题的通知》
㉒	工业和信息化部	2012/7/19	工信部节〔2012〕339 号	《关于进一步加强工业节能工作的意见》

（二）政策要点汇编

1.《关于促进新时代新能源高质量发展的实施方案》

主要目的	·锚定到 2030 年中国风电、太阳能发电总装机容量目标，加快构建清洁低碳、安全高效的能源体系。
内容要点	·围绕新能源发展的难点、堵点问题，提出了 7 方面 21 项具体政策举措； ·坚持“先立后破、以立为先”，通过一揽子政策支持措施，重点解决新能源“立”的问题。
关键举措	·创新新能源开发利用模式； ·加快构建适应新能源占比逐渐提高的新型电力系统； ·深化新能源领域“放管服”改革； ·支持引导产业健康发展； ·保障合理空间需求； ·充分发挥生态环境保护效益； ·完善财政金融政策。

2.《氢能产业发展中长期规划（2021—2035 年）》

主要目的	·促进氢能产业规范有序高质量发展，加快构建清洁低碳、安全高效能源体系。
内容要点	·明确了氢的能源属性，提出了氢能产业发展的基本原则和各阶段目标，部署了推动氢能产业高质量发展的 4 项重要举措。
关键举措	·系统构建氢能产业创新体系，聚焦重点领域和关键环节，着力打造产业创新支撑平台，持续提升核心技术能力； ·统筹建设氢能基础设施，因地制宜布局制氢设施，稳步构建储运体系和加氢网络； ·有序推进氢能多元化应用，探索形成商业化发展路径； ·建立健全氢能政策和制度保障体系，完善氢能产业标准，加强全链条安全监管。

3.《"十四五"建筑节能与绿色建筑发展规划》

主要目的	· 锚定到 2025 年城镇新建建筑全面建成绿色建筑，建筑能源利用效率稳步提升，形成绿色、低碳、循环的建设发展方式。
内容要点	· 明确了建筑节能与绿色建筑发展的总体目标和具体目标，提出了 9 方面 13 项重点任务。
关键举措	· 提升绿色建筑发展质量； · 提高新建建筑节能水平； · 加强既有建筑节能绿色改造； · 推动可再生能源应用； · 实施建筑电气化工程； · 推广新型绿色建造方式； · 促进绿色建材推广应用； · 推进区域建筑能源协同； · 推动绿色城市建设。

4.《"十四五"推进农业农村现代化规划》

主要目的	· 坚持农业农村优先发展，全面推进乡村振兴，加快农业农村现代化。
内容要点	· 聚焦 7 个方面重点任务，即"三个提升、三个建设、一个衔接"。 · "三个提升"，即提升粮食等重要农产品供给保障水平、提升农业质量效益和竞争力、提升产业链供应链现代化水平。 · "三个建设"，即建设宜居宜业乡村、建设绿色美丽乡村、建设文明和谐乡村。 · "一个衔接"，即有效衔接全面推进乡村振兴。
关键举措	· 加强乡村清洁能源建设。实施农村电网巩固提升工程，加强煤炭清洁化利用，推进散煤替代。 · 推动农业农村减排固碳。推动农业产业园区和产业集群循环化改造，开展农业农村可再生能源替代示范，建立健全农业农村减排固碳监测网络和标准体系。

5.《“十四五”现代能源体系规划》

主要目的	· 加快构建现代能源体系，保障国家能源安全，力争如期实现碳达峰、碳中和，推动实现经济社会高质量发展。
内容要点	· 从增强能源供应链安全性和稳定性、能源生产消费方式绿色低碳变革、提升能源产业链现代化水平 3 大方面，推动现代能源体系构建。
关键举措	· 强化战略安全保障、提升运行安全水平、加强应急安全管控； · 大力发展非化石能源、推动构建新型电力系统； · 减少能源产业碳足迹、完善能耗双控与碳排放控制制度； · 合理配置能源资源； · 统筹提升区域能源发展水平、积极推动乡村能源变革； · 提升能源产业链现代化水平； · 增强能源治理效能； · 构建开放共赢能源国际合作新格局。

6.《“十四五”节能减排综合工作方案》

主要目的	· 大力推动节能减排，加快建立健全绿色低碳循环发展经济体系，推进经济社会发展全面绿色转型。
内容要点	· 聚焦重点行业和关键环节，部署开展节能减排 10 大重点工程； · 从 8 个方面健全节能减排政策机制。
关键举措	· 推进重点行业节能改造和污染物深度治理； · 推动工业园区能源系统整体优化和污染综合整治； · 全面推进城镇绿色规划、绿色建设、绿色运行管理； · 推动交通物流节能减排； · 推进农业农村节能减排； · 提升公共机构能效； · 强化重点区域污染治理； · 推动煤炭清洁高效利用； · 加强挥发性有机物综合整治； · 提升环境基础设施水平。

7.《促进绿色消费实施方案》

主要目的	·推进消费结构绿色转型升级，加快形成简约适度、绿色低碳、文明健康的生活方式和消费模式。
内容要点	·系统设计了促进绿色消费的制度政策体系，包括促进重点领域消费绿色转型、强化科技和服务支撑、健全制度保障体系、完善激励约束政策 4 大方面 22 项重点任务和政策措施。
关键举措	·推动吃、穿、住、行、用、游等重点领域消费绿色转型； ·推广应用先进绿色低碳技术，推动产供销全链条衔接畅通，加快发展绿色物流配送，构建废旧物资循环利用体系； ·完善法律、标准、统计监测、信息平台等制度体系； ·优化财政、金融、价格、信用、监管等政策措施，形成有效激励约束机制。

8.《绿色交通“十四五”发展规划》

主要目的	·加快形成绿色低碳运输方式，为加快建设交通强国提供有力支撑。
内容要点	·在减污降碳、用能结构、运输结构等方面设置了具体目标，部署了 7 项主要任务，并针对重点领域提出 4 项专项行动。
关键举措	·优化空间布局，建设绿色交通基础设施； ·优化交通运输结构，提升综合运输能效； ·推广应用新能源，构建低碳交通运输体系； ·坚持标本兼治，推进交通污染深度治理； ·坚持创新驱动，强化绿色交通科技支撑； ·健全推进机制，完善绿色交通监管体系； ·完善合作机制，深化国际交流与合作。

9.《加快农村能源转型发展助力乡村振兴的实施意见》

主要目的	·推动构建清洁低碳、多能融合的现代农村能源体系，全面提升农村用能质量。

内容要点	· 从巩固拓展脱贫帮扶成果、培育壮大农村绿色能源产业、加快形成绿色低碳生产生活方式 3 个方面提出推动农村能源转型发展的 12 条具体措施。
关键举措	· 巩固光伏扶贫工程成效； · 提升农村电网服务水平； · 支持县域清洁能源规模化开发； · 推动千村万户电力自发自用； · 积极培育新能源+产业； · 推动生物质资源利用； · 鼓励发展绿色低碳新模式新业态； · 大力发展乡村能源站； · 加快形成绿色低碳生产生活方式； · 推动农村生产生活电气化； · 实施农村供暖清洁替代； · 引导农村居民绿色出行。

10.《“十四五”工业绿色发展规划》

主要目的	· 大力推进工业节能降碳，积极推行清洁生产改造，提升绿色低碳技术、绿色产品、服务供给能力。
内容要点	· 提出 9 个方面的重点任务：聚焦 1 个行动、构建 2 大体系、推动 6 个转型、实施 8 大工程。
关键举措	· 实施工业领域碳达峰行动； · 推进产业结构高端化转型； · 加快能源消费低碳化转型； · 促进资源利用循环化转型； · 推动生产过程清洁化转型； · 引导产品供给绿色化转型； · 加速生产方式数字化转型； · 构建绿色低碳技术体系； · 完善绿色制造支撑体系。

11. 《2030 年前碳达峰行动方案》

主要目的	· 有力有序有效做好碳达峰工作，加快实现生产生活方式绿色变革，确保如期实现 2030 年前碳达峰目标。
内容要点	· 聚焦“十四五”和“十五五”两个碳达峰关键期，提出了提高非化石能源消费比重、提升能源利用效率、降低二氧化碳排放水平 3 方面主要目标； · 部署实施“碳达峰十大行动”。
关键举措	· 能源绿色低碳转型行动； · 节能降碳增效行动； · 工业领域碳达峰行动； · 城乡建设碳达峰行动； · 交通运输绿色低碳行动； · 循环经济助力降碳行动； · 绿色低碳科技创新行动； · 碳汇能力巩固提升行动； · 绿色低碳全民行动； · 各地区梯次有序碳达峰行动。

12. 《关于完整准确全面贯彻新发展理念做好碳达峰碳中和工作的意见》

主要目的	· 加快形成节约资源和保护环境的产业结构、生产方式、生活方式、空间格局，坚定不移走生态优先、绿色低碳的高质量发展道路，确保如期实现碳达峰、碳中和。
内容要点	· 坚持系统观念，提出了 10 方面 31 项重点任务，明确了碳达峰碳中和工作的路线图。
关键举措	· 推进经济社会发展全面绿色转型； · 深度调整产业结构； · 加快构建清洁低碳安全高效能源体系； · 加快推进低碳交通运输体系建设； · 提升城乡建设绿色低碳发展质量； · 加强绿色低碳重大科技攻关和推广应用； · 持续巩固提升碳汇能力； · 提高对外开放绿色低碳发展水平； · 健全法律法规标准和统计监测体系； · 完善政策机制。

13.《“十四五”可再生能源发展规划》

主要目的	·推动能源行业结构优化升级，进一步提升煤电机组清洁高效灵活性水平，促进电力行业清洁低碳转型。
内容要点	·锚定碳达峰、碳中和目标，设置了 4 个方面的主要目标，主要从供给、消费、技术、体制、国际合作 5 个方面部署了重点任务。
关键举措	·优化发展方式，坚持因地制宜、生态优先开发可再生能源； ·促进存储消纳，高比例利用可再生能源； ·坚持创新驱动，高质量发展可再生能源； ·健全体制机制，市场化发展可再生能源； ·坚持开放融入，深化可再生能源国际合作。

14.《关于加快建立健全绿色低碳循环发展经济体系的指导意见》

主要目的	·到 2025 年，绿色低碳循环发展的生产体系、流通体系、消费体系初步形成； ·到 2035 年，美丽中国建设目标基本实现。
内容要点	·从生产、流通、消费、基础设施、绿色技术、法律法规政策等 6 方面对绿色低碳循环发展作出了部署安排，并明确了 85 项重点任务。
关键举措	·健全绿色低碳循环发展的生产体系； ·健全绿色低碳循环发展的流通体系； ·健全绿色低碳循环发展的消费体系； ·加快基础设施绿色升级； ·构建市场导向的绿色技术创新体系； ·完善法律法规政策体系。

15.《新能源汽车产业发展规划（2021—2035 年）》

主要目的	·坚持电动化、网联化、智能化发展方向，推动中国新能源汽车产业高质量可持续发展，加快建设汽车强国。

内容要点	·从提高技术创新能力、构建新型产业生态、推动产业融合发展、完善基础设施体系、深化开放合作等5方面部署了16项战略任务。
关键举措	·深化“三纵三横”研发布局，建设共性技术创新平台，提升行业公共服务能力； ·支持生态主导型企业，促进关键系统创新应用，提升智能制造水平，强化质量安全保障； ·推动新能源汽车与能源、交通、信息通信深度融合； ·大力推动充换电网络、智能路网设施和氢燃料供给体系建设； ·扩大开放和交流合作，加快融入全球价值链。

16.《交通强国建设纲要》

主要目的	·构建安全、便捷、高效、绿色、经济的现代化综合交通体系，打造交通强国，为全面建成社会主义现代化强国提供坚强支撑。
内容要点	·明确了“人民满意、保障有力、世界前列”的总目标，部署了9大重点任务：基础设施立体互联，交通装备先进适用，运输服务经济高效，科技创新智慧引领，安全保障完善可靠，绿色发展低碳环保，开放合作互利共赢，人才队伍精良专业，治理体系完善健全。
关键举措	·促进资源节约集约利用，推进交通资源循环利用产业发展； ·强化节能减排和污染防治，开展绿色出行行动； ·强化交通生态环境保护修复，建设绿色交通廊道。

17.《关于推进北方采暖地区城镇清洁供暖的指导意见》

主要目的	·以满足群众取暖需求为导向，推进供暖供给侧结构性改革，大力推进清洁能源利用，加快推进北方采暖地区城镇清洁供暖工作。
内容要点	·按照“企业为主、政府推动、居民可承受”的方针，提出了推进城镇清洁供暖的8项重点工作。

关键举措	· 科学编制专项规划； · 加快推进燃煤热源清洁化； · 因地制宜推进天然气和电供暖； · 大力发展可再生能源供暖； · 有效利用工业余热资源； · 全面取消散煤取暖； · 加快供暖老旧管网设施改造； · 大力提高热用户端能效。

18.《能源生产和消费革命战略（2016—2030）》

主要目的	· 实现能源生产和消费方式根本性转变，为全面建设社会主义现代化国家、实现中华民族伟大复兴中国梦提供坚强保障。
内容要点	· 从推动能源文明消费、多元供给、科技创新、深化改革、加强合作 5 个方面提出了 22 项具体措施，选择重点突破领域部署了 13 项重大战略行动。
关键举措	· 推动能源消费革命，开创节约高效新局面：坚决控制能源消费总量，打造中高级能源消费结构，深入推进节能减排，推动城乡电气化发展，树立勤俭节约消费观； · 推动能源供给革命，构建清洁低碳体系； · 推动能源技术革命，抢占科技发展制高点； · 推动能源体制革命，促进治理体系现代化； · 加强全方位国际合作，打造能源命运共同体。

19.《“十三五”全民节能行动计划》

主要目的	· 大幅提高能源资源开发利用效率，有效控制能源消耗总量，加快建设能源节约型社会，推进绿色发展。
内容要点	· 从开展节能倍增行动、发挥市场的关键作用、发掘潜力大的节能机会、重视重点领域节能 4 个方面部署了 10 项行动计划和 10 项节能重点工程。

关键举措	· 节能产品推广行动； · 重点用能单位能效提升行动； · 工业能效赶超行动； · 建筑能效提升行动； · 交通节能推进行动； · 公共机构节能率先行动； · 节能服务产业倍增行动； · 节能科技支撑行动； · 居民节能行动； · 节能重点工程推进行动。

20.《关于 2016—2020 年新能源汽车推广应用财政支持政策的通知》

主要目的	· 保持政策连续性，促进新能源汽车产业加快发展。
内容要点	· 从补助对象及产品和标准、对企业和产品的要求、资金申报和下达 3 大方面明确了新能源汽车推广应用补助政策。
关键举措	· 对消费者给予补助，实行普惠制； · 补助标准主要依据节能减排效果，并综合考虑生产成本、规模效应、技术进步等因素逐步退坡； · 生产企业应具备较强的研发、生产和推广能力； · 纳入补助范围的产品应具备较好的技术性能和安全可靠性。

21.《关于分布式光伏发电实行按照电量补贴政策等有关问题的通知》

主要目的	· 促进光伏产业健康发展。
内容要点	· 从项目确认、补贴标准、补贴电量、资金拨付 4 个方面明确分布式光伏发电项目按电量补贴的具体实施办法； · 改进光伏电站、大型风力发电等补贴资金管理。
关键举措	· 补贴标准综合考虑分布式光伏上网电价、发电成本和销售电价等情况确定； · 加快资金拨付，简化光伏电站、大型风力发电等补贴资金管理程序。

22.《关于进一步加强工业节能工作的意见》

主要目的	· 深入贯彻落实科学发展观，切实推动工业转型升级，促进工业绿色低碳发展。
内容要点	· 提出了加强工业节能工作的 10 项具体措施。
关键举措	· 抓住时机，开创工业节能新局面； · 从严把好企业技术改造项目审核和节能评估审查关； · 加大淘汰落后产能工作力度； · 加快建立和实施超能耗限额企业惩罚性电价政策； · 加强节能减排技术改造； · 强化重点用能企业节能管理； · 实施更加严格的能效标准； · 加强节能降耗监督检查； · 加快建设工业园区能源集中供应设施； · 积极支持工业企业余热余压发电上网。

中英文专业术语对照索引

说明及致谢

为深入贯彻落实能源生产和消费革命战略部署，国务院发展研究中心资源与环境政策研究所组织业内专家学者，分析总结自2012年以来中国能源消费革命的进展和成效，系统梳理能源消费革命向“清洁化、低碳化、分散化、数字化”纵深推进的一系列新做法和新方向，并在研究中深入调研和分析了一些典型案例，最后形成《中国能源革命进展报告　能源消费革命（2023）》。希望此书的出版，能为中国能源生产和消费革命战略深入推进及相关研究提供有价值的参考。

我们诚挚地感谢各相关部门、研究机构、高等院校、行业学会、企业、国际机构，以及众多专家对此项研究的大力支持和帮助。

特别要感谢以下院士在百忙之中对《中国能源革命进展报告　能源消费革命（2023）》编写工作的精心指导和无私奉献（按姓氏笔画排序）：

马永生　于俊崇　毛景文　刘　合　江　亿　汤广福

孙友宏　孙丽丽　杜祥琬　李　阳　邹才能　宋永华

武　强　金之钧　周孝信　赵宪庚　郝　芳　贺克斌

贾承造　高德利　郭旭升　黄小卫　康红普　谢和平

感谢以下专家对《中国能源革命进展报告　能源消费革命（2023）》提出修改建议，以及在成稿过程中作出的贡献：

康重庆　张玉清　孙耀唯　唐金荣　丁　涛　应光伟

隋　军　张　刚　周伏秋　宋联昌　朱兴珊　张道勇

郑洪弢　朱　彤　孟凡达　徐　洁　邱建杭　杨　刚

Progress Report on China's Energy Revolution

Energy Consumption Revolution

(2023)

Institute for Resources and Environmental Policy Studies
Development Research Center of the State Council of China

Beijing
Metallurgical Industry Press
2023

Progress Report on China's Energy Revolution

Energy Consumption Revolution (2023)

Editorial Board

Chief Coordinator:

GUO Jiaofeng

Copyright Author:

Institute for Resources and Environmental Policy Studies

Development Research Center of the State Council of China

Supporting Institutions:

CHN Energy Investment Group

Huawei Technologies Co., Ltd.

Sinopic Marketing Zhejiang Company

Huadian Electric Power Research Institute Co., Ltd.

China Coal Research Institute

Energy Internet Research Institute Tsinghua University

Zhejiang University of Finance & Economics

China University of Petroleum (East China)

Wuxi University

China Electricity Technology Market Association

English Translator:

GUO Xiaohui

Preface

At the sixth meeting of the Central Leading Group for Financial and Economic Affairs in June 2014, General Secretary Xi Jinping put forward the requirement that we must promote revolutions in energy consumption, energy supply, energy technology and energy system, as well as strengthen international cooperation across the board to ensure national energy security under the new situation, which provides the fundamental guideline for China's high-quality energy development and for ensuring energy security. Promoting energy consumption revolution by containing unnecessary energy consumption is the intrinsic requirement of China's high-quality energy development, which is as well the key point and focus for China to balance the relationship between energy development and security in the new era. Promoting energy consumption revolution requires strengthening the management of binding targets, simultaneously promoting the adjustment of industrial structure and energy consumption structure, effectively implementing the policy of giving priority to energy conservation, comprehensively enhancing high-quality energy use in urban and rural areas, fundamentally curbing unreasonable energy consumption, and substantially improving the efficiency of energy use to move faster towards an energy-saving society.

In the first decade of the new era, China has made positive progress in pushing forward reforms in energy consumption patterns. Since 2012, China has been solidly advancing the shift towards green and low-carbon energy consumption, and has significantly improved energy efficiency in production and living. Firstly, the total energy consumption is reasonably contained. China's total energy consumption was 5.41 billion tonnes of standard coal in 2022, up 1.39 billion tonnes over 2012, with an average annual growth rate of 3.0 percent, underpinning a 6.2 percent annual growth of the national economy. In 2022, carbon dioxide emission per unit of GDP fell by 40.1 percent compared with 2012. Secondly, the energy consumption structure is being optimized. China has been striving to change the coal-dominated energy consumption structure and promote a faster development of green energy. In 2022, coal consumption accounted for 56.2 percent in total primary energy consumption, a decrease of 12.3 percentage points from 2012; oil accounted for about 17.9 percent, a little up against 2012 by 0.9 percentage points; natural gas accounted for about 8.4 percent, an increase of 3.6 percentage points compared with 2012. The share of non-fossil energy consumption in total primary energy consumption increased by 7.8 percentage points over 2012, reaching 17.5 percent. In 2022, 7,058,000 new energy vehicles were produced, making the total ownership of NEVs reaching 13.1 million, and there were 5.2 million electric-vehicle charging stations nationwide, constituting the largest charging network in the world. Thirdly, the energy utilization efficiency is steadily improving. In 2022, China's energy consumption was reduced to 0.447 tonnes of standard coal per ten thousand yuan of GDP, down 40 percent from that of 2012. Remarkable results have been achieved in energy conversation and efficiency improvement in key sectors. In 2022, the national average standard coal consumption of power supply for thermal power units was 301.5 g/kWh, down 7.1 percent from 2012. The work of eliminating backward production capacity and reducing overcapacity in key energy-consuming industries, such as steel-making, coking, electrolytic aluminum, cement and plate glass, have been solidly promoted. Energy recycling level has been further improved, with and certain results been achieved in recycling energy from waste heat, residual pressure and vent gas.

In view of the reality, deepening the energy consumption revolution requires a clear understanding of the serious challenges that we face. China's energy consumption is large in quantity and big in variety while its fossil energy resource endowment is "rich in coal and lack of oil and gas", which has resulted in the long-standing coal-dominated energy system, so how to coordinate the relationship between containing coal consumption and ensuring energy security will still be a great challenge to China in the future. The overall energy efficiency is not high and the problem of energy waste is still relatively prominent; the low energy processing and conversion efficiency, and high loss in energy using make the comprehensive energy consumption of energy-intensive products still significantly higher than the world's advanced level, and the phenomenon of energy waste in the sectors of residential life and services is widespread. Inadequate innovation capacity remains to be the main weakness in China's green energy transition, and the dilemmas and difficulties in energy development and transition are superimposed on each other. At the same time, the upgrading of the industrial structure and the adjustment of the energy structure should not violate the objective laws of economic and social development, which should not be detached from reality or rushed to achieve results, and campaign-style approaches to "carbon reduction and pollution reduction" should not be engaged in, nor the "emergency brake" be stepped on. We should have a full understanding of the complex and challenging nature of energy transition and reform, focus our attention and efforts on shifting the development mode, and unswervingly promote green transition in the development mode.

In the next decade, China will accelerate the transition to a green development mode and promote long term and in-depth advancement of energy consumption revolution. Green transition in development mode is an all-round, revolutionary change in production modes, lifestyles, ways of thinking and values. We will follow the guiding principles of the 20th CPC National Congress, intensify efforts to coordinate the green energy transition and the guarantee of secure energy supply, and shift the extensive development mode to an intensive one. We will accelerate the adjustment and optimization of the industrial structure, energy mix, and transport structure, and implement conservation strategy on all fronts to promote the rational and efficient use of all types of energy resources, and advance the economical, intensive, green and low-carbon development. We will coordinate the promotion of carbon emission reduction, pollution reduction, expansion of green development and economic growth, accelerate the construction of a recovery and recycling system for energy from "leakage and drip" of from residue heat, coldness and pressure, to promote green, low-carbon and efficient energy use, as well as green transformation in sectors such as industry, building, and transportation, so as to promote economic and social system reform with profound sectoral reforms, and to support the overall green economic and social transformation with the green energy transformation.

The report systematically sorts out and summarizes the practices, explorations and progress made in China's energy consumption revolution over the past decade. Based on the new development stage, it analyzes the development path of the green and low-carbon transition of China's energy consumption, going "cleaner, low-carbon, decentralized and digital", and their prospects to envision the ways for China's energy industry to achieve safer, more efficient, lower carbon and more sustainable development so to better serve China's high-quality development and achieving the goals of carbon peaking and carbon neutrality.

Contents

I. Achievements in China's Energy Consumption Revolution

In 2014, General Secretary Xi Jinping proposed that in face of the new changes in the pattern of energy supply and demand, and the new trends in international energy development, it is necessary to promote a revolution in energy production and consumption in order to safeguard national energy security. To this end, the Chinese government has actively formulated and implemented strategy for energy production and consumption revolution. To promote the energy consumption revolution, China is determined to carry out the principle of prioritizing energy conservation, and has tightened the control of total energy consumption and energy use intensity, and enforce energy conservation throughout the entire process and in all areas of social and economic development. It resolves to adjust the industrial structure, emphasizes energy conservation in the process of urbanization, and works to develop a green and low-carbon transport system. China encourages hard work and thrift and calls people to conserve energy and work and live with green energy, and move faster towards an energy-saving society[①]. Over the past decade, China has made great efforts to promote the energy consumption revolution and has achieved positive results: the upward tendency in energy consumption has slowed down significantly while the energy efficiency has improved and the quality has been enhanced, making it clean, low-carbon, safe and reliable, laying a solid foundation for the pursuit of peaking carbon dioxide emissions by 2030 and basically achieving the goals of socialist modernization and a beautiful China by 2035.

---

① White Paper on *Energy in China's New Era*, the State Council Information Office of the People's Republic of China, 2020.

i. Energy Consumption Revolution Continuing to Advance and Level of Cleanliness, Low Carbon and Efficiency Raised

By adhering to the practice of "prioritizing conservation", good results have been achieved in saving energy and improving efficiency. The energy consumption revolution strategy proposed in 2014 focuses on giving priority to conservation. Since then, its connotation has been constantly enriched. In 2016, the National Development and Reform Commission and the National Energy Administration issued the *Strategy for Energy Production and Consumption Revolution (2016–2030)*, which defines the connotation of the energy consumption revolution in the following five aspects: improving the dual-control system of total energy consumption and intensity to cap the total amount of energy consumption; promoting industrial structural adjustment and energy structural optimization to upgrade energy consumption; adhering to the general strategy of prioritizing energy conservation and improving the energy conservation standards and metering system to comprehensively improve the energy utilization efficiency; combined with the construction of new type of urbanization and agricultural modernization, simultaneously promoting electrification and informatization; and vigorously advocating a rational energy-using lifestyle and consumption pattern by fully mobilizing the public's enthusiasm, initiative and creativity. The energy consumption revolution stresses the importance of adhering to the overall strategy of giving priority to energy conservation and promoting energy conservation in all industries and links by all means. The *Working Guidance for Carbon Dioxide Peaking and Carbon Neutrality in Full and Faithful Implementation of the New Development Philosophy* issued by the CPC Central Committee and the State Council in 2021 further clarified that energy conservation should be exercised throughout the whole process and in all areas of economic and social development. It requires to continue to deepen energy conservation in key areas such as industry, building, transport, and public institutions, to improve the energy efficiency of information infrastructure such as data centers and new type of communications, to improve the energy management system by strengthening energy conservation management and the targets and responsibilities of key energy consuming units, and to accelerate the implementation of energy conservation, carbon reduction, renovation and upgrading to create Energy Efficiency Leaders, aiming at the international advanced level. By 2022, China's energy-saving standard system had been basically established, with 108 items of national mandatory energy consumption quota standards, 66 items of national mandatory energy efficiency standards, and 190 items of national recommended energy-saving standards having been issued and implemented, which has effectively promoted industrial upgrading in key energy intensive sectors and technological innovation of key products. Under the guidance of these policies, China has achieved obvious results in energy conservation. In 2022, the total national energy consumption was 5.41 billion tonnes of standard coal, an increase of 34.6 percent against 2012. China saw an average annual growth of 6.2 percent in the Gross Domestic Product (GDP), while its annual energy consumption rose by only 3.0 percent. The energy consumption of GDP in 2022 was 0.45 tonnes of standard coal per 10,000 yuan, a decrease of 40.1 percent (current price) or 26.3 percent (constant prices) compared with 2012. In 2021, with regard to the key energy intensive industrial enterprises, the comprehensive energy consumption per unit of synthetic ammonia was 1,442 kg of standard coal per tonne, the same as the previous year; the comprehensive energy consumption per tonne of steel decreased by 0. 4 percent year-on-year; comprehensive energy consumption per unit of electrolytic aluminum fell by 2.1 percent, and the consumption of standard coal for each kilowatt hour of thermal electricity dropped by 0.5 percent.

Great importance has been attached to providing universal service to guarantee energy use for livelihood. The *12th Five-Year Plan for Energy Development* released by the State Council in 2013 proposed to coordinate urban, rural and regional energy development, to strengthen energy infrastructure and basic public service capacity building to eliminate energy poverty as soon as possible, and to strive to improve the level of energy use by the mass people. The *Guiding Opinions on Energy Work in 2016* issued by the National Energy Administration proposed to implement the energy project for people's livelihood, support energy development and utilization in poor areas in all respects with the focus placed on strengthening energy development and construction in poor areas, launch a new round of power grid upgrading in rural areas and implement the construction and renovation of urban distribution grids in an all-round way. Over the past decade, the universal energy services have been significantly improved across the country. In 2020, 100 percent of poor villages covered by bulk power grids had access to power electricity, and the overall power supply reliability of rural power grids reached 99. 8 percent, effectively guaranteeing "access to electricity for all". In 2021, China's energy consumption per capita was 3,723 kg of standard coal, an increase of 25.8 percent from 2012, or an average annual growth rate of 2.6 percent. China's residential energy consumption per capita was 478 kg of standard coal, an increase of 53.2 percent over 2012, or an average annual growth rate of 4.9 percent; its residential electricity consumption per capita increased by an average annual rate of 7.3 percent, and its residential natural gas consumption per capita rose by an average annual rate of 7.8 percent. The level of residential energy use continues to improve. Since 2021, under the guidance of the "dual-carbon" goals, the energy sector has been actively taking actions to coordinate the green energy structure transformation and energy security, enriching the connotation of energy services. The *Guiding Opinions on Energy Work in 2021* proposed to optimize the business environment to provide nationwide "Three No-needs" (no need for application, no need for investment and no need for approval process) services for residential users and low-voltage small and micro-enterprises, and "Three Savings" (time-saving, effort-saving, and money-saving) services for high-voltage users in handling electricity business. Besides, it proposed to step up efforts to ensure the use of energy for livelihood, to implement rural power grid consolidation and upgrading projects, and clean heating retrofitting according to local conditions, and to improve rural energy use conditions in accordance with the working thoughts of "integrating power sources, grids, loads and storage". It proposed to continue to promote the construction of urban smart grids to enhance the intelligent level of urban grids, and to accelerate the exploration and promotion of power systems featuring interaction between supply and demand to meet the diversified access needs of a high proportion of renewable energy and electric vehicles.

The policies on pollution reduction and carbon reduction have supported the green and low-carbon energy development. China has long attached importance to clean energy substitution and the development and utilization of renewable energy to achieve diversified supply and green transition. In 2013, the *12th Five-Year Plan for Energy Development* proposed for the first time the planning and arrangement of "replacing traditional energy in a scientific way and accelerating the optimization of the energy production and consumption structure". In the same year, the *Action Plan for Prevention and Control of Air Pollution* released by the State Council explicitly proposed to accelerate clean energy substitution and utilization to effectively promote the green and low-carbon energy transition. Thereafter, the *Guiding Opinions on Energy Work in 2018* further proposed to enhance the cleanliness of terminal energy consumption with measures such as implementing coal replacement in reduced amount in end-use consumption, steadily carrying out the projects to replace coal with electricity and to replace coal with gas, enhancing the utilization rate of high-quality clean oil products and actively pushing forward electric energy substitution. In 2022, it was re-emphasized the necessity to actively develop new forms of business and new models in the energy sector, and to vigorously develop comprehensive energy services to promote energy conservation, efficiency improvement, cost reduction and carbon reduction. In 2023, efforts in the following four areas are called for to consolidate and expand the good momentum of the green and low-carbon transition. The first is to continuously expand the clean and low-carbon energy supply, including pushing forward the first batch of large-scale wind power and photovoltaic bases and offshore wind power bases, actively promoting the large-scale development of photothermal power generation and pushing forward the construction of land-based decentralized wind power and distributed photovoltaic power generation projects. The second is to promote the clean and efficient development and utilization of fossil energy, including strengthening demonstration of coal utilization according to quality and grade to enhance the clean and efficient utilization of coal, and to support the utilization of natural gas to promote its stable and coordinated developments. The third is to promote synergy between supply and demand, to increase the proportion of cleaner energy use, to raise the level of electrification in energy use for production and living, and to comprehensively promote the green and low-carbon transition in industry, building, transport and other sectors. The fourth is to accelerate the cultivation of new models and new forms of business in the energy sector, and to steadily promote the construction of integrated energy stations and terminal energy storage based on renewable energy in industrial parks, urban communities and large-scale public service areas with favorable conditions. China has actively promoted solar energy and geothermal energy heating and other non-electricity use of renewable energy, and has supported the pilot demonstrations of cellulose and other non-food fuel ethanol and hydrogen energy. With these, the energy mix has continued to be optimized, and the level of electrification and cleanliness have been improved. Over the past decade, certain progress has been made in the green and low-carbon transformation of the energy structure. In 2022, the share of coal, oil, natural gas, and non-fossil energy was 56.2 percent, 17.9 percent, 8.4 percent, and 17.5 percent respectively, with the proportion of coal decreasing by 12.3 percentage points while that of oil, natural gas, and non-fossil energy increasing by 0.9 percentage points, 3.6 percentage points, and 7.8 percentage points respectively compared to 2012. The share of clean energy power in the total electricity consumption of the whole society was around 30.0 percent, up about 8.8 percentage points from 2012.

ii. Green, Low-Carbon and Circular Renovation Deepened and Energy Consumption in the Industrial Sector Gradually Becoming Green and Highly Efficient

The level of clean and efficient energy use in the industrial sector is constantly rising. Taking the *12th Five-Year Plan for Industrial Energy Conservation*, the *Industrial Green Development Plan (2016 – 2020)* and other documents as the guideline, focusing on the green transformation of traditional industries and supported by scientific and technological innovation, China has gradually established and improved the long-term mechanism for green industrial development, eliminated backward production capacity, optimized the industrial structure, and accelerated the upgrading and transformation of traditional industries to speed up energy conservation and emission reduction in the industrial sector, and has made significant progress in energy conservation and consumption reduction. First, energy consumption per unit of added value in industry has continued to decline, achieving good energy-saving effect. In 2021, energy consumption per unit of added value in industry above designated size was reduced by 36.2 percent cumulatively, or 4.9 percent annually compared with that of 2012, contributing to an annual decline of 3.3 percent in China's energy consumption per unit of GDP. Second, the overall energy processing and conversion efficiency has improved. Over the past decade, the energy processing and conversion efficiency of industrial enterprises above designated size has increased by 1.8 percentage points. Of these, the thermal power generation efficiency has increased by 2.3 percentage points, heat supply efficiency by 4.8 percentage points, raw coal washing efficiency by 3.2 percentage points, and coking efficiency by 1.5 percentage points. Third, the comprehensive energy consumption per unit of product is decreasing. In 2021, the comprehensive energy consumption for production of nearly 90 percent of the 39 unit products of key energy intensive industrial enterprises listed by the National Bureau of Statistics was lower than that in 2012. The national standard coal consumption for power supply of thermal power units with capacity of 6,000 kilowatts and above was 301.5 grams per kilowatt hour; the comprehensive energy consumption of tonnes of steel of key large and medium-sized enterprises had reached the world's advanced level; and the comparable comprehensive energy consumption of clinker of the enterprises rated as Energy Efficiency Leaders had reached the world's advanced level of 87.95 kg of standard coal per tonne.

The scale of clean retrofitting of coal-fired power units has continued to expand. Over the past decade, with the orderly implementation of ultra-low emission and energy-saving retrofitting of coal-fired power plants, China has built the world's largest clean coal power supply system, and its ultra-low emission standards for air pollutants from coal-fired power generating units are higher than those of major developed countries or regions in the world. First, the standards have been strengthened to guide the effective promotion of energy conservation and emission reduction of coal-fired power units. With the successive release of the *Action Plan for Upgrading and Retrofitting of Coal-Fired Power Generation Units for Energy Conservation and Emission Reduction (2014–2020)* and the *Work Plan for Comprehensively Implementing Ultra-Low Emission and Energy Conservation Retrofitting of Coal-fired Power Plants*, the implementation of ultra-low emission standards for coal-fired power plants and energy conservation retrofitting work has been systematically arranged. As of 2021, about 1.03 billion kilowatts of coal-fired power units had met the ultra-low emission limit, accounting for 93.0 percent of the country's total installed coal-fired capacity; coal consumption for power supply had been reduced every year and the standard coal consumption for power supply of thermal power units with the capacity of 6,000 kilowatts and above in the country was 301.5 grams per kilowatt-hour (g/kWh), down nearly 20 g/kWh from 2012; emissions of soot, sulphur dioxide and nitrogen oxides per unit of thermal power generation were 22 mg/kWh, 101 mg/kWh and 152 mg/kWh respectively. Second, the flexibility of the power system has been improved with the launch of the coal power flexibility retrofitting. Since the 13th Five-Year Plan period, China has carried out coal power flexibility retrofitting work to encourage the coal power enterprises to explore various technical routes such as deep peak regulation and thermoelectric coupling. The minimum generation capacity of coal power units has been reduced from 50 to 60 percent of rated capacity to 30 to 35 percent, and even to 20 to 25 percent for some units, with a significant increase in the range of adjustability. By 2022, the total size of China's coal power flexibility retrofitting reached about 257 million kilowatts, effectively improving the flexibility of the power system. Third, coal power technology has been constantly innovated and the main parameters have reached the world's advanced level. China has achieved independent research, development and manufacturing of high-parameter, large-capacity ultra-supercritical coal-fired units and has built the world's most energy-efficient coal-fired power generation unit with the largest single unit capacity under construction, reducing the coal consumption of power supply to a minimum of less than 260 g/kWh. The technologies of air-cooled megawatt generator sets, double reheat and large circulating fluidized bed power generation have all reached the world's advanced level. The number of advanced supercritical and ultra-supercritical coal power units had exceeded 860, accounting for more than 50 percent of the country's total installed coal-fired power capacity. The No. 3 unit of the National Energy Group's Taizhou Power Plant is the world's first million-kilowatt ultra-supercritical coal-fired generating unit to successfully apply double reheat technology, achieving a standard coal consumption of 266 grams per kilowatt-hour for power supply, with emissions of soot, sulphur dioxide and nitrogen oxides at 1.8 milligrams per cubic meter, 8.4 milligrams per cubic meter and 19 milligrams per cubic meter, respectively. The 1,350 MW double reheat ultra-supercritical unit with high-low split shaft arrangement in the Phase Ⅱ of Pingshan Power Plant of SHEnergy in Anhui Province, which was formally put into commercial operation in 2022 with a designated power supply coal consumption of 251 g/kWh, is a new-type clean, highly-efficient and low-carbon coal-fired unit with the world's largest single-unit capacity.

The overall energy efficiency of the petroleum and chemical industry has continued to improve. Over the past decade, the petroleum and chemical industry has promoted a series of reforms to effectively reduce the industry's energy consumption intensity and pollutant and greenhouse gas emissions, focusing on improving energy efficiency. First, it has pushed forward industrial technological innovation and promoted energy-saving and low-carbon technologies, with breakthroughs made in a number of key technologies in the fields of synthetic resins, special engineering plastics, clean oil products, basic chemicals and pollutant treatment. It has implemented clean production, intelligent control and recycling renovation in industrial parks, and has continued to improve product quality, which has effectively saved energy and reduced emissions. Second, the use of cleaner fuels and raw material substitution have reduced energy and raw material consumption. China has promoted the development of clean fuel to optimize the energy mix by reducing the use of coal, oil and other high-carbon fossil energy while making full use of biomass resources and actively developing fuel ethanol, biodiesel, sustainable aviation fuel and other biomass energy sources in an effort to increase the market supply of chemical products from renewable and biomass energy sources. Third, it has pushed forward the green upgrading of the modern chemical industry by adjusting and optimizing the industrial layout and structure, putting strict control over the construction of inefficient units and eliminating backward production capacity. Vigorous efforts have been made to promote the oil refining and chemical industries to eliminate backward production capacity by "putting into operation large production units and shutting down small ones" and to optimize the product structure by "reducing the proportion of refined oil output and increasing that of chemical products". New production capacity in the oil refining, urea, ammonium phosphate, polyvinyl chloride and other industries has been strictly controlled, and access announcement has been implemented to manage the tyre and ammonia industries. Through the implementation of comprehensive initiatives on capacity replacement, security, environmental protection, energy conservation and pricing, the blind growth of production capacity has been curbed and the transformation and upgrading of the industry has been promoted. For example, during the 13th Five-Year Plan period, Shandong Province integrated, transferred and eliminated 44.47 million tonnes of oil refining capacity, phased out 28 million tonnes of coking capacity, reduced 1.47 million tonnes of synthetic ammonia production capacity, withdrew tyre production capacity equivalent to more than 22 million of standard tyres, shut down 2,069 substandard chemical production enterprises, and reduced the 199 chemical industrial parks to 84. Over the past two years, it has further withdrawn 15.2 million tonnes of refining capacity, integrated and transferred refining capacity of 3 million tonnes and less, reduced 1.8 million tonnes of excess coking capacity and 360,000 tonnes of synthetic ammonia production capacity, and integrated the all-steel radial tyres enterprises with an annual production capacity of 1.2 million or less and the semi-steel radial tyre enterprises with an annual production capacity of 5 million or less. Fourth, the Energy Efficiency Leaders action has achieved effective results over the years. Enterprises have gradually approached the advanced indicators of the industry by renovating techniques and strengthening management. Over the past decade, the energy efficiency of chemical products has been improved to varying degrees. The energy efficiency of tyre, yellow phosphorus, soda ash, methanol, calcium carbide, caustic soda and crude oil processing industries has improved by more than 40.0%, 18.0%, 15.0%, 13.0%, 10.0%, 8.0% and 6.0%[①], respectively, providing an important basis for the country to formulate and revise both the 2021 and 2022 editions of the *Energy Efficiency Benchmarking Levels and Baseline Levels for Key Fields of Energy Intensive Industries*.

The energy utilization efficiency and informatization level of the iron and steel industry are constantly improving. Over the past decade, the structure of the iron and steel industry has been continuously optimized, the techniques and technologies have been constantly innovated, and the energy efficiency and

① Calculation based on the indicators published in the *Indicators for Benchmarking Enterprises of Energy Efficiency Leaders in Key Energy Intensive Products in the Petroleum and Chemical Industry in 2012*, and the *Enterprises List of Energy Efficiency Leaders in Key Energy Intensive Industries in 2022* released by the Ministry of Industry and Information Technology.

informatization level have been further improved. The comprehensive energy consumption of tonnes of steel by key statistical iron and steel enterprises had been reduced from 602.7 kg of standard coal in 2012 to 551.36 kg of standard coal in 2022, with a drop of 8.5b percentage points. First, remarkable results have been achieved in eliminating backward production capacity and structural adjustment has been further advanced. Nearly 100 million tonnes of backward crude steel production capacity has been phased out and 140 million tonnes of substandard steel production capacity has been completely eliminated, effectively solving the industry's overcapacity problem. With the successive construction of a series of coastal iron and steel bases in Zhanjiang by BAOWU Steel Group Corporation Ltd., in Leting by HBIS Group Co., Ltd., in Rizhao by Shandong Iron and Steel Group Co., Ltd., in Fangchenggang by Liuzhou Group and in Nantong by Zenith Steel Group Company Ltd., iron and steel production capacity has continued to accumulate along the coast. Mergers and reorganizations have been steadily progressing and the concentration of the iron and steel industry has been improving, with the total crude steel output of the top 10 iron and steel enterprises accounting for 42.6% of the national total in 2022, up from 35.9% in 2016. Giving full play to the advantages of the short-flow process, which is low-carbon and environmentally friendly, China is developing electric furnace steel-making in an orderly manner, and has set up the first new-type 10-million-tonne short-flow steel-making group. Second, breakthroughs have been made in key technologies and equipment, and the level of energy recovery and utilization has been significantly improved. The promotion and application of energy-saving technologies, such as high-efficiency coal spraying, high-radiation cladding, heat-storage combustion of heating furnaces, continuous casting and rolling, hot loading and hot delivery of billets, have been accelerated. Significant progress has been made in advanced technologies such as hydrogen-rich carbon-circulating blast furnace, hydrogen-based vertical furnace, hydrogen-based smelting reduction ironmaking and technologies such as smart steelmaking of "one-key steelmaking + fully automatic steelmaking", green and clean electric steelmaking, headless rolling, thin strip casting and rolling have reached the world's advanced level. By-product gas is widely used in the iron and steel industry for power generation and the amount of gas per tonne of steel recovered from the converter reached 124.7 cubic meters in 2022 (the energy saved per tonne of steel reached about 30 kg of standard coal), while the gas emission was close to zero. The popularization rate of advanced waste heat and residual energy recovery technology and equipment has been greatly improved, with blast furnace gas energy recovery equipment basically achieving full coverage, and the equipped rate of coke dry quenching power generation equipment exceeding 93 percent. Supercritical gas power generation, sinter waste heat recycling, saturated steam power generation and other technologies have been on par with the world's advanced level, and the efficiency of high-parameter gas generation sets has exceeded 40 percent. In 2022, the self-generation rate of waste heat and residual energy in the iron and steel industry nationwide was about 56 percent, an increase of 20 percentage points over 2012. Third, the energy management of enterprises has been further upgraded, and information-based, intelligent and refined management has been widely practiced. With the integrated promotion of "industrialization and informatization", and improvement of energy management system and energy information system, the coverage rate of energy management and control centers in iron and steel enterprises nationwide has increased to about 80 percent. Some enterprises have implemented source-load interaction in energy supply and iron and steel production, data drive and model development to improve energy efficiency in the iron and steel sector with information and intelligent means.

iii. Transition and Upgrading of Energy Consumption in Agriculture and Rural Areas and by Rural People Promoted and Energy Use Gradually Becoming Diversified, Clean and Highly Efficient

Both the "quantity and quality" of energy use for agriculture, in rural areas

and by rural residents have been steadily enhanced. The efficient and clean use of energy is the key to promoting the implementation of the rural revitalization strategy. For years on end, the *No.1 Central Document* has attached great importance to the renovation and upgrading of rural power grids, the development of non-fossil energy (photovoltaic, wind power, small hydropower, geothermal heat and biomass, etc.) in rural areas and the control of bulk coal in the northern rural areas, and has supported the optimization of the rural energy structure. The rural energy structure has been optimized. As the rural economy continued to develop at a faster pace, the total rural energy consumption increased from 294 million tonnes of standard coal in 2012 to 365 million tonnes of standard coal in 2019. During the 13th Five-Year Plan period, the new round of rural power grids renovation and upgrading projects was completed in 2019, one year ahead of schedule, and the two major rural power grid renovation and upgrading actions in the "Three Regions and Three Prefectures" (Three Regions refer to the Tibet Autonomous Region, the Tibetan areas of Qinhai, Sichuan, Gansu, and Yunnan provinces, as well as Hetian, Aksu, Kashi, Kizilsu Kyrgyz in the south of Xinjiang Autonomous Region; Three Prefectures refer to Liangshan prefecture in Sichuan, Nujiang prefecture in Yunnan and Linxia prefecture in Gansu) and the "Border Villages" had been successfully completed, and the electricity use for agriculture and people's livelihoods has been effectively secured. A rapid growth in both final electricity consumption and its share in the total final energy consumption was maintained, with the electricity consumption increasing from 0.52 billion tonnes of standard coal in 2012 to 0.85 billion tonnes of standard coal in 2019 and its share increasing from 17.5 percent to 23.2 percent. Final fossil energy consumption and its share tended to decrease in most cases, with its consumption decreasing from 150 million tonnes of standard coal in 2012 to 148 million tonnes of standard coal in 2019 and its share dropping from 50.9 percent to 40.7 percent. Of this, the share of coal consumption decreased from 34.0 percent to 23.9 percent and that of oil consumption went down from 14.5 percent to 13.5 percent, while the share of gas (including natural gas and liquefied petroleum gas) increased from 2.4 percent to 3.2 percent. The total consumption of biogas, solar energy and solid fuel made from straw has been over 350 million tonnes of standard coal and their ratio in energy consumption has been stable with a slight decline, basically remaining at around 9 percent since 2015.

The rural domestic energy use is becoming increasingly clean. Controlling bulk coal in rural areas is an important part of the revolution in energy consumption. Since 2017, the Ministry of Finance, the Ministry of Housing and Urban-Rural Development, the Ministry of Ecology and Environment and the National Energy Administration have carried out pilot work on the control of bulk coal for civilian use in accordance with the pilot policies on clean winter heating in Northern China, and have attached great importance to promoting the use of renewable energy sources such as biomass, geothermal energy and solar energy in rural areas to replace bulk coal. During the 13th Five-Year Plan period, a total of 49.3 billion yuan of the central finance had been allocated in three batches to support 43 cities in the northern region to implement clean heating pilot projects, with an area of 3.91 billion square meters (35.26 million households) being converted to clean heating, of which an area of 2.951 billion square meters (26.57 million households) was in urban-rural and rural areas, with a total of more than 140 million tonnes of bulk coal replaced (including coal used in inefficient small boilers), contributing to more than one-third of improvement in both the local average concentration of Fine Particulate Matter (PM2.5) and the composite air quality index. Among them, in the 2020–2021 heating season, 7.09 million households in Beijing-Tianjin-Hebei, its surrounding areas and the Fen-Wei Plain (the Fenhe Plain, the Weihe Plain and their surroundings in the Yellow River Basin) had replaced bulk coal with cleaner energy (including 3.37 million households in Hebei, 0.96 million in Shanxi, 1.63 million in Shandong, 0.4 million in Henan and 0.73 million in Shaanxi). Travel by electric vehicles in rural areas continues to grow. Since 2004 when electric bicycles were identified as a legal model of non-motorized vehicles, they have been widely used. During the 13th Five-Year Plan period, China's annual sales of electric bicycles exceeded 30 million, and by 2020 the number of electric bicycles owners in the whole society was close to 300 million. Compared with urban residents, rural residents are more active in promoting electrification, with the average ownership of electric bicycles (including electric tricycles, etc.) per 100 rural households increasing from 45.4 in 2014 (2.9 higher than that of urban residents) to 73.1 in 2020 (11.1 higher than that of urban residents). Moreover, new energy vehicles have become the new favorite in rural consumption. From 2020 to 2022, China introduced measures of new energy vehicles going to the countryside for three consecutive years, announcing six batches with a total of nearly 200 new energy vehicle models going to the countryside, pushing up the cumulative sales of these models to over 4.1 million, of which 397,000, 1,068,000 and 2,660,000 vehicles were sold in the second half of 2020, in 2021 and 2022 respectively, representing a year-on-year growth of 80.0%, 169.0% and 87.0%.

Energy use in the agricultural sector tends to be greener. Over the past decade, China has attached great importance to empowering traditional agriculture with new energy. With the issuance of the *Several Opinions on Promoting the Healthy Development of the Photovoltaic Industry* in 2013, the promotion and application of photovoltaics in the agricultural sector has been promoted and the development of the photovoltaic industry has since become an important means of poverty alleviation and rural revitalization. The *Notice on the Implementation of the Poverty Alleviation Project by Developing Photovoltaic Industry* issued in 2014 proposed to implement poverty alleviation project through the development of photovoltaic industry over a six-year period. The *Implementation Opinions on Accelerating the Transformation and Development of Rural Energy to Assist Rural Revitalization* issued in 2021 stressed the importance of actively cultivating "new energy plus" industries, building modern "photovoltaic plus" agriculture, rationally distributing projects that combine photovoltaic power generation with forestry and animal husbandry in forest region and pastoral areas, and building rural "new energy plus" landscape demonstrations. With the successive introduction of policies, significant achievements have been made in poverty alleviation by developing photovoltaic industry. As of 2020, poverty-alleviation photovoltaic power stations with a total installed capacity of 26.36 million kilowatts had been built, benefiting nearly 60,000 poor villages and 4.15 million poor households, with the economic benefits amounting to 18 billion yuan each year, creating 1.25 million public welfare jobs accordingly. At the same time, it has brought about a series of "new energy + agriculture" projects, such as the Anlong Photovoltaic Agricultural High-tech Demonstration Park and the Liupanshui Agricultural Photovoltaic Power Station Project in Guizhou Province, modern fishery industry parks with "Integration of Fishery and Photovoltaic Power Generation" in Tangshan, Hebei Province, the Straw Gasification and Clean Energy Comprehensive Utilization Project in Nanning, Guangxi, and the "internet + new energy + agriculture" projects that integrate new energy projects in ecological agriculture with internet technology to build an intelligent energy system for agricultural production, such as the first centralized intelligent tea processing production line project in Anji, Zhejiang Province, and the rural energy Internet platform in Lankao, Henan Province.

The utilization of agricultural biomass resources as fuel has continued to increase. The *Implementation Plan for the Comprehensive Utilization of Crop Straw over the 12th Five-Year Plan Period* proposes five ways to utilize straw, namely, as fertilizer, fodder, base material, raw material and fuel. During the 13th Five-Year Plan period, a total of 8.65 billion yuan of the central finance was provided to support 684 key counties to promote the all-round utilization of straw, and the comprehensive straw utilization rate reached 86 percent, an increase of 6 percentage points over 2015. In 2020, the comprehensive utilization of straw nationwide amounted to 630 million tonnes, with the utilization rate exceeding 87 percent, of which about 57 million tonnes were used as fuel, equivalent to replacing 28.5 million tonnes of standard coal. In 2021, the relevant departments continued to carry out comprehensive straw utilization pilot projects in the 12 provinces of Hebei, Shanxi, Inner Mongolia, Liaoning, Jilin, Heilongjiang, Jiangsu, Anhui, Shandong, Henan, Sichuan, and Shaanxi, placing focus on supporting the key links of comprehensive utilization of straw. They have effectively broken through the bottleneck in the collection, storage and transportation system, which has led to a significant improvement in the regional straw treatment capacity and resulted in the first batch of 30 typical cases of comprehensive utilization of crop straw, forming a working pattern of "combining utilization with prohibition, and promoting the prohibition of crop straw burning through the utilization of it". The *National Grass-fed Animal Husbandry Development Plan (2016–2020)* released in 2016 proposed for the first time the implementation of pilot projects to utilize the manure of grass-fed livestock and poultry as a resource, such as fuel. Documents such as the *13th Five-Year Plan for National Rural Biogas Development*, the *Work Plan for Promoting Resource Utilization of Livestock and Poultry Manure Program in the Entire County Nationwide (2018–2020)*, and the *Opinions on Accelerating the Resource Utilization of Livestock and Poultry Breeding Waste* have been issued in succession to support the utilization of livestock and poultry manure as resources. According to the Second National Pollution Source Census, the annual output of livestock and poultry manure nationwide is 3.05 billion tonnes, of which more than 2 billion tonnes need to be treated annually. During the 13th Five-Year Plan period, a cumulative total of 29.6 billion yuan of the central finance had been provided to support 723 projects to promote the resource utilization of livestock and poultry manure throughout the county, covering all the 585 major animal husbandry counties. Financial support has also been provided to construct facilities for the resource utilization of livestock and poultry manure on farms in major "non-animal husbandry" counties, and more than 95 percent of the large-scale farms have been equipped with manure treatment facilities and equipment, with all the 133,000 large livestock and poultry farms across the country having been fully equipped. The resource utilization of livestock and poultry manure has been carried out in various ways, such as used as energy, fertilizer and feed, and the comprehensive utilization rate of livestock and poultry manure has exceeded 75 percent, which is more than 15 percentage points higher than that of 2015. Among the various ways of utilization, to be used as energy resource is one of the main directions and as of 2020, the national biogas production from livestock and poultry manure was about

2.69 billion cubic meters, accounting for more than 10 percent of the annual national biogas production.

iv. Green Energy Transition in the Transport Sector Promoted and Exploration of Energy Supply Paths of Oil, Gas, Electricity and Hydrogen Advanced

Progress has been made in the transition to green energy consumption in the transport sector. Over the past decade, the transport industry has deepened green development in an all-round way and the transport structure has started to become green, which has effectively promoted energy conservation and optimization of the energy consumption structure in the transport sector. The *Action Plan for Energy Conservation, Emission Reduction and Low-Carbon Development 2014–2015*, issued by the General Office of the State Council in 2014, stated that pilot projects on the construction of a green, circular and low-carbon transport system should be carried out, and the special low-carbon transport action for 1,000 enterprises in "vehicle transport, shipping, road transport and ports" should be further promoted. In September 2019, the CPC Central Committee and the State Council issued the *Outline for Building China's Strength in Transport* which emphasizes the construction of a modern comprehensive transport system that is safe, convenient, efficient, green and economical to promote the economical and intensive use of resources. The *Planning Outline for National Comprehensive Three-dimensional Transportation Network* issued in February, 2021 further proposes to promote green and low-carbon development, and to promote the coordination between transport infrastructure and ecological space. During the 13th Five-Year Plan period, China's transport infrastructure network has become increasingly complete, and new progress has been made in the green and low-carbon transformation of the transport sector. As of 2021, China's "10 vertical and 10 horizontal" major comprehensive transport corridors had been basically connected, with the total mileage of the comprehensive transport network exceeding 6 million kilometers. A rail transport network in super and mega cities has been accelerated to form; about 92 percent of the prefecture-level cities have civil transport airports; and the world's largest expressway network and high-speed railway network, as well as world-class port clusters have been built. The continuous improvement in transport infrastructure construction has led to a rapid growth in the scale of transport equipment, and energy consumption in China's transport sector continues to rise. According to data from the National Bureau of Statistics, the total amount of energy consumption of the transport, storage and postal industry exceeded 439 million tonnes of standard coal in 2021, an increase of 10 percent and 34.7 percent compared to 2016 and 2012 respectively. At the same time, the transport modes tend to become more efficient and cleaner at a faster pace, and the optimization and adjustment of the transport structure has achieved periodic successes. Compared with 2016, China's coal consumption in transport, storage and postal industry in 2020 decreased by 1.63 million tonnes, or 40.4 percentage points; the diesel consumption fell by 15.36 million tonnes, or 13.9 percentage points; there was little change in the consumption of gasoline and paraffin; natural gas consumption increased to 35.4 billion cubic meters, up 38. 9 percentage point; and electricity consumption exceeded 175 billion kilowatt-hours, up 39.9 percentage points. The *Three-Year Action Plan to Promote Transport Structural Adjustment* (*2018–2020*) issued by the General Office of the State Council in 2018 calls for the further implementation of the "Six Actions" to accelerate the construction of collecting and distributing port railways and special railway lines, and to continue to promote the "road-to-rail" and "road-to-water" transport of bulk cargo. During the 13th Five-Year Plan period, China has implemented more than 70 multimodal transport demonstration projects, 46 urban green freight distribution demonstration projects, and 87 national public transport city construction demonstration projects, with the average annual growth rate of the volume of rail-water intermodal transported containers in ports increasing by 23.8 percentage points, from 2.36 million TEUs at the end of the 12th Five-Year Plan period to 1.4 million TEUs. By 2022, the volume of rail-water intermodal transported containers across the country had reach 8.75 million TEU, with an increase of 16 percentage point over the previous year. China's new energy vehicle ownership reached 13 million; new-energy urban buses, taxis and urban logistics and distribution vehicles totaled more than 1 million; and there were close to 13,000 hydrogen fuel-cell vehicles and more than 290 liquefied natural gas (LNG) vessels in the country.

Cleanliness and efficiency level of refined oil products continue to improve. China formally implemented phase Ⅲ and phase Ⅳ automobile emission standards in July 2007 and July 2010, gradually raising the pollutant emission targets for automobiles. In January 2016, the former Ministry of Environmental Protection and the Ministry of Industry and Information Technology jointly issued the *Announcement on the Implementation of Phase V Automobile Emission Standards*, which requires to implement the National V standards for vehicle exhaust emissions by region and by phase from April 2016 to January 2018 according to the quality upgrading progression of oil products. According to the standards, the sulphur content, manganese content and olefin content of gasoline are reduced by 80 percent, 75 percent and 14 percent respectively, compared with the National Ⅳ standards. On January 1, 2019, the domestic gasoline was fully upgraded to meet the National Ⅵ A standards, and the vehicle diesel was fully upgraded to meet the National Ⅵ standards, which has reduced the olefin, aromatics and benzene content of gasoline and diesel, and significantly enhanced the cleanliness of oil products. In February 2021, the Ministry of Industry and Information Technology issued the mandatory national standards, the *Fuel Consumption Limits for Passenger Vehicles* (GB 19578—2021), which require that the average fuel consumption of new passenger vehicles be reduced to 4.0 liters per 100 kilometers in 2025. During the 12th Five-Year Plan period, China's apparent consumption of refined oil products rose by 0.81 billion tonnes, with an increase of 34.8%. Since the 13th Five-Year Plan period, China's automobile ownership has been growing rapidly while the growth rate of apparent consumption of refined oil products has markedly slowed down, which was 345 million tonnes in 2022, up only 0.55 billion tonnes from 2016. During the 13th Five-Year Plan period, the electrification rate of China's railways increased significantly, indicating a remarkable electric energy substitution effect. In 2021, the Anjiu section of the Beijing-Hong Kong high-speed railway was open and put into operation, which marked that the "8 vertical and 8 horizontal" high-speed railway network had been interconnected and the operation mileage of China's high-speed railway exceeded 40,000 kilometres, of which the proportion of railway electrification reached 73 percent, up 12 percent against 2015, significantly reducing the oil consumption of railways. China's oil standards for ships and aviation continue to be upgraded as well. Between 2018 and 2019, China successively released the *Implementation Plan for Air Pollutant Emission Control Zones for Ships* and the *Implementation Plan of Global Sulphur Cap on Marine Fuel Oil 2020*. Low-sulphur fuel oil has been gradually promoted as marine oil and liquefied natural gas fueled ships have begun to develop. By 2020, emissions of sulphur oxides and particulate matter from ships in major river basins such as Beijing-Tianjin-Hebei, the Yangtze River Delta and the Pearl River Delta had dropped by 80 percent and 75 percent respectively from 2015. Meanwhile, positive results have also been achieved in the green and low-carbon development of civil aviation. During the 13th Five-Year Plan period, China's civil aviation industry accelerated the construction of an energy-saving and carbon-reducing governance system through such measures as the application of green technology, utilization of clean energy, green management and low-carbon policy guidance. As of 2021, China's civil aviation fuel consumption per tonne kilometer was 0.309 kg, and the energy consumption per passenger at airports increased by only about 2.3 percent compared with the average level at the end of the 12th Five-Year Plan (2013–2015), while carbon dioxide emissions per passenger decreased by 22.1 percent[①]. Particularly in the aviation fuel sector, China's technology for refining aviation fuels from hydroprocessed esters and fatty acids is becoming increasing mature. In June 2022, China's first industrial unit for producing aviation bio-fuel was successfully put into operation at Zhenhai Refining and Chemical Co., Ltd.,

---

① Data from *2022 China Civil Aviation Green Development Policy and Action.*

with a designed annual processing capacity of around 100,000 tonnes. Compared with traditional petroleum-based aviation fuel, bio-aviation fuel can lower carbon dioxide emissions by over 50 percent in its whole life cycle.

The accelerated popularization of new energy vehicles and the rapid development of related industries have become an important path for the green and low-carbon transformation of the transport sector. From 2012 to the present, the State Council, the Ministry of Finance, the Ministry of Science and Technology, the Ministry of Industry and Information Technology, and the National Development and Reform Commission have successively issued documents such as the *Energy Conservation and New Energy Vehicle Industrial Development Plan (2012–2020)*, the *Notice on Financial Support Policies for the Promotion and Application of New Energy Vehicles During the 2016–2020 Period*, and *the Notice on Improving the Financial Subsidy Policy for the Promotion and Application of New Energy Vehicles*, which has accelerated the promotion and application of new energy vehicles. In September 2022, the Ministry of Finance, the State Administration of Taxation and the Ministry of Industry and Information Technology jointly issued the *Announcement on the Continuation of the Vehicle Purchase Tax Exemption Policy for New Energy Vehicles*, which continues to exempt pure electric vehicles, plug-in hybrids vehicles (including range-extended vehicles), and fuel cell vehicles from the vehicle purchase tax. In 2022, the nationwide vehicle purchase tax exemption for new energy vehicles reached 87.9 billion yuan. In the same year, China saw an explosive growth of new energy vehicles, with the production and sales reaching 7.058 million and 6.887 million respectively, up 96.9 percentage points and 93.4 percentage points year on year, and the new energy penetration rate reaching 25.6 percent, strengthening its substitution role for fuel vehicles. Of these, domestic sales of new energy passenger cars of independent brands accounted for 79.9 percent, up 5.4 percent year on year; 679,000 new energy vehicles were exported, up 1.2 times year on year, with the sales accounting for more than 60 percent of the global total, remaining the world's first for eight consecutive years. China is home to three of the world's top ten companies in terms of new energy vehicle sales and six of the top ten in terms of installed power battery capacity. Meanwhile, the construction of charging infrastructure continues to accelerate. By 2022, a total of 5.21 million charging piles had been built across the country, with an increase of nearly 100% over the previous year, with a vehicle to pile ratio of 2.5 : 1. Of these, public charging infrastructure increased by around 650,000 units to reach a cumulative total of 1.8 million units in 2022, with 761,000 DC charging piles, and private charging infrastructure increased by around 1.9 million units to reach a cumulative total of more than 3.4 million units. In recent years, the share of public DC charging piles has tended to increase, up from 36.6 percent in 2018 to 42.3 percent in 2022. By December 2022, there were 1,973 battery swap stations in the country, up 52 percentage points year on year. China has built more than 10,000 power battery recycling service outlets, basically realizing neighborhood recycling. By July 2022, the number of waste power battery recycling enterprises in China had exceeded 15,000, recovering metal materials needed for battery production through recycling and other means, producing high-quality battery raw materials, and actively integrating into the power battery industry chain and supply chain. In 2022, China's production and sales of hydrogen fuel cell vehicles amounted to 3,626 and 3,367 respectively, up 105.4 percentage points and 112.8 percentage points year on year; China had built a cumulative total of 274 hydrogen refueling stations, accounting for about 40 percent of the world's total, ranking first in the world. In September 2022, the first batch of 80 fuel cell online taxi was officially put into operation in Shanghai, indicating a new development opportunity for the fuel cell passenger cars, whose development had been relatively slow.

v. Energy Conservation Prioritized in Building Energy Use and Energy Efficiency and Clean Energy Application Level Improved

Energy efficiency in the building sector has been steadily improving. Over the past decade, China has attached great importance to energy conservation and carbon reduction in urban and rural construction, and has made significant progress in the development of energy conservation in buildings by continuously raising the energy efficiency standards for new buildings and steadily promoting the energy-saving renovation of existing buildings. In terms of energy conservation in new buildings, over the years, China has been revising the standards for energy-saving design of civil buildings, public buildings and residential buildings in different climate zones, and has continued to raise the energy conservation requirements for new buildings, which has significantly improved their energy efficiency. In April 2022, the national mandatory standards *General Specification for Building Energy Conservation and Renewable Energy Utilization* (GB 55015—2021) started to be implemented, in which the average design energy consumption of new residential buildings and public buildings are reduced by 30 percent and 20 percent respectively on the basis of the energy-saving design standards enforced in 2016. It is required that the average energy-saving rate of residential buildings in severe cold and cold areas should reach 75 percent, that of residential buildings in other climate zones should reach 65 percent, and that of public buildings should reach 72 percent. On the basis of the energy-saving indicator requirements set out in the *General Specification for Energy Conservation and Renewable Energy Use in Buildings*, China has launched the "frequent short steps" energy-efficiency improvement program for new civil buildings, and has begun to raise the mandatory energy-efficiency standards for new civil buildings in cities and towns according to stages, types and climatic zones. At present, the level of energy efficiency of new buildings in China has approached that of developed countries, basically realizing the change from "following in the race" to "running with". During the 13th Five-Year Plan period, the cumulative floor area of energy-efficient buildings had exceeded 23.8 billion square meters, accounting for more than 63 percent of the total floor area of civil buildings in cities and towns. In addition, the more stringent national recommended standards *Technical Standards for Near-Zero Energy Consumption Buildings* (GB/T 51350—2019) came into effect in September 2019, which is the first international technical specification in the field of near-zero energy consumption buildings to be promulgated in the form of national standards. The standards propose binding control indexes such as indoor environmental parameters and building energy consumption targets for ultra-low energy consumption buildings in different climate zones and of different types, achieving a breakthrough in the standard system and raising the energy conversation of new buildings to a higher level. During the 13th Five-Year Plan period, the cumulative area of ultra-low energy consumption buildings exceeded 10 million square meters, with an annual energy saving capacity of nearly 100,000 tonnes of standard coal. As for the renovation of existing buildings, the energy-saving renovation of existing residential buildings has been further promoted, targeting the problems of poor heat preservation and insulation, low indoor temperatures, and the severe condensation and mould in existing residential buildings in northern heating areas and areas with hot summers and cold winters. Through measures such as energy-saving renovation of building envelopes and energy-using systems, the air-tightness of doors and windows in existing residential buildings has been significantly strengthened, the effect of sound insulation and dust-proofing has been significantly improved, the phenomenon of mould and condensation on internal walls has been reduced, and the indoor temperature has generally been raised by 3 to 5 ℃ in winter and lowered by 2 to 3 ℃ in summer, thus improving living comfort. During the 13th Five-Year Plan period, a total of 510 million square meters of existing residential buildings had undergone energy-saving renovation, benefiting more than 6.425 million households, saving 3.495 million tonnes of standard coal and reducing carbon dioxide emissions by 8.633 million tonnes per year. In view of the high energy consumption, the growth momentum, the slow progress of energy-saving renovation and other prominent problems of public buildings, the relevant departments initiated three batches of 32 key urban construction works from 2011 to 2017 through the path of key breakthrough and comprehensive leading to improve the energy efficiency of public buildings, and vigorously promoted energy performance contracting, tentatively forming an energy-saving renovation model of public buildings, which is based on market mechanism and supplemented by government guidance. During the 13th

Five-Year Plan period, a total of 185 million square meters of public buildings were renovated, which can save 718,000 tonnes of standard coal per year and reduce 1.436 million tonnes of carbon dioxide emissions, highlighting the effect of energy-efficiency improvements.

The scale of renewable energy application in buildings has increased significantly. The application of renewable energy in the building sector is an effective way to replace traditional fossil energy consumption as well as an important measure to promote the optimization of the energy structure in the building sector. In 2012, Zhejiang Province took the lead in issuing local regulations to include air-source thermal energy in the renewable energy category, and then established a standard system to compare air source heat pump water heaters with solar domestic hot water systems, pioneering the use of air source heat pumps as a form of renewable energy application in buildings in the country. After years of scientific research and extensive application practice, the *General Specification for Building Energy Conservation and Renewable Energy Utilization* further lists the air source heat pump system as one of the renewable energy applications in buildings, enriching the types of renewable energy that can be used in buildings. With the popularization and application of the solar hot water system and the promotion of the development of distributed rooftop photovoltaic system throughout the county (city, district) and other policies, localities have gradually established and improved promotion mechanisms and relevant technical standard systems, further expanded the scale of renewable energy application in areas such as domestic hot water, clean heating and new-type electric power systems, and continuously promoted technological progress and innovation. Multi-energy complementary integrated energy systems combining solar energy, air source heat pumps, electricity and natural gas have been widely used in the field of building energy use, contributing to a more secure, reliable, economical and efficient energy supply; aesthetic and functional photovoltaic curtain walls, light roofs, flexible roofs and other building-material-type photovoltaic products are emerging, and the level of building integrated with solar energy and photovoltaic has been improved;

the new building power system projects characterized by "photovoltaic, energy storage, direct current and flexibility" have landed one after another, and have become an important way to prioritize the consumption of renewable energy power and active participation in the power demand-side response. By the end of the 13th Five-Year Plan period, the heat-collecting area of buildings with the application of solar hot water systems had reached 320 million square meters, the installed capacity of solar photovoltaic power generation applications had reached 30 million kilowatts, the application area of shallow geothermal energy had reached about 600 million square meters, the application of renewable energy in buildings had replaced more than 50 million tonnes of standard coal equivalent of traditional energy every year, and the substitution rate of renewable energy in urban areas had exceeded 6 percent, with an increase of 2 percentage points from the end of 2015. The promotion of application of renewable energy in buildings has achieved some results.

Energy consumption for civil heating has become much cleaner. By 2022, the central finance had been distributed in five batches to support 88 pilot cities to carry out clean heating work by implementing clean heating renovation from both the "heat source side" and the "user side", so as to promote the realization of an efficient, economic and clean heating model with clean supply and economic use. In the implementation of clean heating work, urban regions focused on the development of central heating, counties gave priority to the planning and construction of clean coal-fired heat sources and biomass cogeneration that meet the environmental emission requirements, and regions with suitable conditions actively promoted heating by industrial waste heat. Based on the resource conditions and following the principle of "to renovate only when a guaranteed source is secured or when local sources are abundant, and build first and break down later", rural areas have steadily replaced coal with electricity and developed geothermal energy, biomass energy, solar energy, central heating and other clean forms of heating according to local conditions. As for rural areas in non-key regions without favorable conditions for clean heating, "clean coal + special stoves" have been used for heating. In addition, based on the energy performance of buildings in different areas and local economic conditions, emphasis has been placed on implementing energy-saving renovation of existing buildings. Newly built rural houses have been guided to comply with the relevant standards, energy-saving renovation of rural houses in the northern region has been promoted, and the construction of passive solar heating houses in rural areas rich in solar energy resources has been encouraged. In 2021, the heating area of northern cities and towns reached 16.2 billion square meters, and the energy consumption of heating commodities was 212 million tonnes of standard coal, accounting for 19.1 per cent of the total energy consumption of building operation in the country. With the improvement of the thermal insulation performance of buildings, the increase of the proportion of high-efficiency heat sources and the improvement of operation and management level, the energy consumption per square meter of heating in northern cities and towns fell to 13.1 kg in 2021 from 16.1 kg of standard coal in 2012, with a cumulative reduction of nearly 20 percentage points over 10 years. In terms of the mix of heat sources, coal-fired combined heat and power accounted for about 58.3 percent of the heat sources used to heat buildings in northern cities and towns, gas-fired combined heat and power for about 4.5 percent, coal-fired boilers for about 15.5 percent, and gas-fired boilers for about 19.3 percent, while other heat sources such as electric heating (including direct electric heating and heat pumps) and industrial waste heat accounted for a comparatively small share. By the end of 2021, clean heating in northern China had covered a floor area of 15.6 billion square meters, with a clean heating rate of 73.6 percent, an increase of nearly 40 percentage points from 2016, and a cumulative replacement of more than 150 million tonnes of bulk coal.

vi. Energy Conservation Measures Optimized to Support Green and Low-Carbon Transition in the Whole Society

Energy conservation and emission reduction have been further promoted with real-time adjustment through the dual control system of energy consumption.

Since the 11th Five-Year Plan period, China has set the energy consumption per unit of GDP as a binding target for energy consumption control, and has taken energy conservation and consumption reduction as the important means to transform the energy consumption mode and adjust its structure. The *Comprehensive Work Plan for Energy Conservation and Emission Reduction During the 13th Five-Year Period* issued by the State Council in 2017 stipulates that, by 2020, the energy consumption per unit of GDP should be 15 percent lower than in 2015, and that the total energy consumption should be kept within 5 billion tonnes of standard coal. The targets for capping energy consumption and reducing energy intensity have been decomposed layer by layer from the national level to the local level, and the local governments at all levels have introduced specific measures. Many regions have introduced measures to strengthen energy-saving supervision, eliminate backward production capacity, to curb the haphazard development of the industries with high energy consumption and high pollutant emissions, and to use the price mechanism to guide the industrial transformation, so as to promote the overall improvement of energy efficiency in the region. Significant achievements have been made in energy conservation and emission reduction in all regions, which has contributed to the cumulative reduction of energy intensity per unit of GDP by over 42 percent in 2020 compared with 2005, and the elasticity coefficient of energy consumption dropped from 1.25 during the 10th Five-Year Plan period to 0.49 during the 13th Five-Year Plan period, with the average annual reduction of carbon intensity reaching 4 to 5 per cent. In response to the new situation of the economic and social development, China has continued to improve the system of total energy consumption control to better balance the relationship between development and emission reduction. In 2022, the relevant departments of China successively issued policies to exclude new renewable energy power consumption from total energy consumption control, and to clarify that raw material energy consumption is deducted from total energy consumption. In 2023, the second meeting of the Central Committee for Deepening Overall Reform reviewed and approved the *Opinions on Promoting the Gradual Shift from Dual Control of Energy Consumption to Dual Control of Carbon Emissions*, which will provide new institutional constraints and policy guidance for achieving a green and low-carbon transition in China's energy production and consumption.

Resource conservation awareness and the green and low-carbon awareness are on the rise throughout the society. Over the past decade, China has promoted the conservation awareness, low-carbon awareness, environmental protection awareness and ecological awareness of the whole society with low-carbon pilot projects, low-carbon publicity, low-carbon parks and communities construction, creating a favorable social atmosphere for promoting green and low-carbon development. The activities of National Energy Conservation Week and Low Carbon Day have been further deepened with the active participation of all the people, constantly promoting green and low-carbon development. First, with regard to building energy-saving organs, more than 120,000 Party and government organs above the county level have applied to be classified as energy-saving organs, and all the central and state organs have been built as energy-saving ones. 5,114 public institutions have been classified as energy-saving public institution demonstration units, 376 as Energy Efficiency Leaders and 168 as Water Efficiency Leaders. In 2021, the total energy consumption per capita and per unit of building area of public institutions nationwide was reduced by 21.7 percent and 18.8 percent respectively compared to 2012. Second, in terms of green travel, the activities of Publicity Month for Green Travel and Publicity Week for Public Transit have been held consecutively for many years. Since the launch of the National Public Transport City Construction Demonstration Project in 2011, 87 cities, including Beijing, have been selected to participate in the national public transport improvement program, and 33 cities have been named "National Demonstration City for Public Transport Development", accelerating the establishment of the dominant position of urban public transport. Third, regarding the construction of low-carbon communities, the *Guidelines for Low-Carbon Community Pilot Construction* issued by the National Development and Reform Commission in 2015 proposed to formulate a batch of distinctive low-carbon community pilots with different regional features, at different development levels and with clear characteristics, and to explore effective models for using the carbon emission market to support the low-carbon community pilots. Regions across the country have explored the construction of low-carbon communities and carried out publicity activities on the theme of carbon neutrality. Through a series of measures, the green and low-carbon awareness of the whole society has been gradually raised. In 2017, the National Development and Reform Commission issued the *Notice on Launching the Third Batch of National Low-Carbon City Pilot Work*, which decided to conduct the third batch of low-carbon city pilots in 45 cities (districts and counties) across the country. At the same time, a great deal of efforts have been made in areas such as continuously improving the institutional mechanism, adjusting the industrial structure, optimizing the energy structure, saving energy to improve energy efficiency, and raising public awareness to explore low-carbon development paths that are in line with local conditions. Fourth, in terms of energy conservation and emission reduction by enterprises, various industries and enterprises have actively taken measures. The industries with high energy consumption and high pollutant emissions, such as electric power, coal, iron and steel, non-ferrous metals, building materials, petrochemicals, chemicals, printing, dyeing, and paper-making, have continued to carry out target achievement competition activities under the theme of "Three Campaigns and One Reduction" (Innovation Campaign, Skills Campaign, Management Campaign and Energy Consumption and Emission Reduction Campaign) to promote the economical and efficient use of resources and energy, drive the key areas and links to make new achievements in energy conservation and emission reduction, and leverage the role of the great number of employees as the main force in advancing green development. In particular, the state-owned enterprises have taken the lead in taking action, which has effectively facilitated the key industries to fulfill their targeted tasks of energy conservation and emission reduction, and has led various industries to carry out energy conservation and consumption reduction work in a broad and in-depth manner.

With the continuous improvement of the energy infrastructure, the level of

public energy services has been promoted. In 2012, the White Paper on *China's Energy Policy* (*2012*) issued by the Information Office of the State Council proposed to balance the energy development in both urban and rural areas, strengthen energy infrastructure, improve the energy consumption conditions in the vast rural and border areas and areas inhabited by ethnic minorities in compact communities, and equalize access to basic energy services for the whole population, so that energy development can benefit all Chinese people. The National Development and Reform Commission and the National Energy Administration have issued the *13th Five-Year Plan for Energy Development* and the *13th Five-Year Plan for Renewable Energy Development*, which propose to comprehensively promote the construction of energy projects for the benefit of the people, focus on improving the infrastructure for energy use, and implement targeted energy poverty alleviation projects, so as to effectively improve universal energy services and realize energy benefits enjoyed by all the people. In the electricity sector, the past decade has seen the successive implementation of power construction projects and the reconstruction and upgrading of rural grids in areas without electricity. Large power grids have covered all county-level administrative districts and all the villages have had access to power electricity. The reliability of power supply in the rural network had reached 99.8 per cent, making China the first developing country to achieve the goal of universal access to electricity. In the natural gas sector, the popularity of gas has improved in both urban and rural areas. Over the past decade, the number of urban gas consumers has increased each year from 190 million in 2010 to 530 million in 2020, with their share of the total population rising from 14.0 percent to 37.5 percent and the urban gas penetration rate rising from 28.2 percent in 2010 to 58.8 percent, both of which have doubled. The extent of gas use in rural areas has increased and the level of gas supply services has improved. The use of natural gas has spread from urban to rural areas, with the national gas penetration rate in the established towns across the country increasing from 45.1 percent in 2010 to 55.6 percent in 2020 and that in the villages across the country reaching 34.6 percent in 2020. Provinces such as Sichuan, Shandong and Yunnan are gradually promoting the use of natural gas in the rural areas in various ways, such as the supply of piped gas and liquefied natural gas (LNG) "on a point-to-point basis", and by "one tank transported directly to the end user", and are implementing the "gas to the countryside" policy in an orderly manner. The effects of "gas replacing coal" and "gas replacing firewood" are beginning to be seen. In the heating sector, the *Plan for Clean Heating in Winter in Northern China (2017–2021)* jointly issued by ten ministries and commissions in 2017 made an overall arrangement for clean energy heating work in northern China and continued to increase the ratio of clean energy heating. As of 2021, the proportion of clean heating in winter in Northern China had exceeded 70 percent.

Ⅱ. Outlook of China's Energy Consumption Revolution

The Report to the 20th National Congress of the Communist Party of China points out that promoting green and low-carbon economic and social development are crucial to high-quality development. Deepening the revolution in energy consumption is not only the main breakthrough point for promoting the comprehensive green transformation of economic and social development, but also the important means for leading the low-carbon development of the whole energy sector, building a new type of energy system, and facilitating the achievement of the goals of carbon peaking and carbon neutrality. In the next decade, China's development will enter a period of coexistence of strategic opportunities, risks and challenges, with increasing uncertainties and unpredictable factors. We will face many deep-rooted problems in the reform and development of the energy sector, such as technological challenges and security risks, which cannot be avoided or bypassed. Conservation priority, consumption upgrading and low-carbon transformation will always be the main direction of the energy consumption revolution. With the continuous deepening of the energy consumption revolution, the growth rate of energy consumption is expected to gradually slow down and the intensity of energy consumption per unit of GDP is expected to fall by 55 to 60 percentage points in 2030 compared with 2005.

i. Energy Consumption Structure Continuing to be Adjusted and Optimized and New Forms of Business and New Models Expected to Flourish

The green and low-carbon transformation in the industry, building and transport sectors will contribute to a marked slowdown in the growth of energy consumption. As socialism with Chinese characteristics enters a new era, to meet the growing needs of the people for a better life, the demand structure will be diversified at multiple levels, and the demand for material products and energy services will grow objectively. China urgently needs to promote the green and low-carbon transformation in all sectors to support the sustainable development of production and life in the future with more efficient and cleaner energy utilization. The *Action Plan for Carbon Dioxide Peaking Before 2030* issued by the State Council in 2021 proposed to place particular focus on the implementation of " ten major peaking carbon dioxide emissions actions", which are the action for green and low-carbon energy transition, the action for energy saving, carbon emission mitigation and efficiency improvement, the action for peaking carbon dioxide emissions in industry sector, the action for peaking carbon dioxide emissions in urban-rural development area, the action for promoting green and low-carbon transportation, the action for promoting circular economy in carbon mitigation purpose, the action for advancing green and low-carbon technology innovation, the action for consolidating and enhancing carbon sink, the action for green and low-carbon society, and the action for promoting all regions peaking carbon dioxide emissions hierarchically and orderly. With regard to energy consumption, China has made a series of energy conservation and consumption reduction arrangements, including energy conservation and carbon reduction projects in urban areas, energy conservation and carbon reduction projects in industrial parks, major technological demonstration projects for energy conservation and carbon reduction, and energy conservation and carbon reduction projects in key industries. In the industrial sector, it emphasizes optimizing the industrial structure, accelerating the elimination of backward production capacity, vigorously developing strategic emerging industries, and speeding up the green and low-carbon transformation in traditional industries, while making clear the measures to promote carbon peaking in the industries of steel, non-ferrous metals, building materials, and petrochemicals. In the building sector, China will strengthen the green and low-carbon transformation in urban and rural construction, improve building energy efficiency, optimize building energy consumption structure, and promote a low-carbon transition in rural development and energy consumption. In the transport sector, low-carbon transformation of transport vehicles and equipment will be promoted, a green and high efficiency transport system will be developed, and the construction of green transport infrastructure will be improved. By saving energy and reducing consumption in these key sectors, the economic and social production and living standards will be further improved with less energy consumption.

Deepening consumption transition will promote the continuous optimization of the energy mix. Though it will be difficult to shake the mainstay position of fossil energy as the security base in the short to medium term, it will be equally difficult to stop the general trend of its gradual substitution by non-fossil energy in the medium to long term. The *Action Plan for Carbon Dioxide Peaking Before 2030* has made a clear arrangement for the transition to low-carbon energy, with special emphasis placed on the continuous substitution and upgrading of traditional fossil energy consumption. To promote coal substitution, transformation and upgrading, it sets the goal of strictly and rationally controlling the growth of coal consumption in the 14th Five-Year Plan period and phasing it down in the 15th Five-Year Plan period, makes it clear that China will vigorously promote the clean use of coal, rationally designate zones where the burning of bulk coal is prohibited, gradually reduce and eventually prohibit the burning of bulk coal, and promote efforts to replace bulk coal with cleaner energy in an active and orderly manner through multiple measures. In order to rationally regulate oil and gas consumption, measures such as gradually adjusting the scale of gasoline consumption, vigorously promoting alternatives such as advanced biofuels and sustainable aviation fuels to replace traditional fuel oils, and improving the energy efficiency of terminal fuel products have been proposed. Overall, both the coal and oil consumption will gradually peak by 2030 while natural gas and non-fossil energy consumption will continue to grow at a faster pace. Society's total electricity consumption is expected to reach about 12 trillion kWh in 2030, with the electrification rate increasing by almost 5 percentage points compared to 2020. At the same time, the use of hydrogen energy will be steadily promoted, further enriching its economically viable application scenarios and significantly expanding its application space.

New forms and new models of energy consumption will promote high-quality energy use in production and living. In order to adapt to the new requirements of the future green and low-carbon energy transition, the form and model of energy consumption will also undergo new changes accordingly. With strong support from relevant policies and measures, the characteristics of coordination and interaction of "multi-energy source, grid, load and storage", a highly resilient and flexible system, and deep digital empowerment will become increasingly apparent. First, the form of the future energy system is expected to change from one dominated by "source following load", which relies on traditional centralized energy supply, to one with coordination and interaction of "multi-energy source, grid, load and storage". The *14th Five-Year Plan for Modern Energy System* places emphasis on improving new mechanisms for developing distributed power supply and promoting fair access to the power grid; cultivating and expanding emerging market players, including integrated energy service providers, electric energy storage enterprises, and load integrators; removing the current institutional and mechanism barriers to market access, investment, operation and participation in market transactions for the new models and new forms of business in the energy sector; and innovating the management mechanism for planning and constructing "source-grid-load-storage" integration projects and multi-energy complementarity projects. The implementation of these measures is expected to promote the continuous emergence of new forms of business such as distributed power generation and heating, user-side energy storage, smart micro-grids, and active distribution networks, as well as new models such as prosumers, aggregators, and integrated energy services of "electricity, heating, cooling and gas". Second, the regulation capacity of various types of flexible resources will be stimulated to build a new flexible power system. China will continue to integrate decentralized demand response resources, guide users to optimize their electricity storage and consumption model, and release the resilience of residential, general industrial and commercial electricity loads in a high proportion, so as to accelerate the construction of power demand side response capacity. It will guide the large industrial loads to participate in the auxiliary services market, encourage electricity-price-sensitive high-energy loads such as electrolytic aluminum, ferroalloys, polycrystalline silicon to improve production processes and procedures, and leverage the functions of interruptible loads and controllable loads. Demonstration of "virtual power plants" that aggregate various types of resources such as adjustable industrial loads, building air-conditioning loads, big data center loads, user-side energy storage, and Vehicle-to-Grid (V2G) energy interaction will be conducted. In the future, the flexibility and response capacity of the energy system will be significantly improved. The mode of ensuring stable operation of the energy system will gradually shift from relying on multiple backups and high standby rates as the main measures to relying on widely dispatched, decentralized and flexible responsive resources. Third, digitalization is expected to empower different types of energy consumption in all respects. Digitalization is an important technical means to promote system integration. With the integrated development of multi-energy, multi-user and multi-scene, digital technology will certainly deeply empower each link of "power source-grid-load-storage". In the future, it is expected to achieve integration of multiple networks of "electricity, heating, cooling and gas", multi-energy complementarity and global scheduling optimization, which will significantly improve the comprehensive utilization of energy resources. In addition, digitalization can transform high-value data on the energy network into production factors to cultivate new industries and create more economic value, and the positive externalities of digital technology can be used to offset the costs of transforming the traditional energy system, so as to better promote the green and low-carbon energy transition.

ii. Digitalization and Low-Carbonization Promoting Energy Conservation and Emission Reduction and Development of Energy Use in the Industrial Sector Stepping Solidly and Deeper towards High-efficiency

China will promote the green transition of energy consumption in the field of

green manufacturing through systematic thinking and digital technologies. The *14th Five-Year Plan for Green Development in the Industry Sector* proposes to implement carbon peaking actions in the industrial sector and to promote the implementation of carbon peaking targets and tasks, and of hierarchical peaking in all industries. Efforts will be made to accelerate the green industrial development with the concept of green development integrated into the whole process, the whole chain and the whole field of industrial production, and the transformation will be systematically promoted in the six aspects of high-end industrial structure, low-carbon energy consumption, recycling of resources, cleaning up of production procedures, greening of product supply, and digitalization of production process. China will continue to improve the green and low-carbon standard system, perfect the green evaluation and public service system, strengthen the green service guarantee, build a complete and interconnected green supply chain, and comprehensively enhance the basic capability of green development. It will gradually build a green and low-carbon technology system, promote the rapid and large-scale application and iterative upgrading of new technologies, step up the arrangement for cutting-edge technology research, improve the industrial technological innovation system, and boost the role of scientific and technological innovation in supporting the green and low-carbon industrial transformation. Looking ahead, China will push forward the change of production mode through digital transformation, and promote new generation of information technologies such as 5G, big data and artificial intelligence to improve the level of energy, resource and environment management, and to strengthen green manufacturing; It will vigorously improve the energy efficiency in key industries such as iron and steel, non-ferrous metals, building materials and other key sectors such as data centers, continue to promote the withdrawal of backward production capacity, resolutely curb the haphazard development of projects with high energy consumption and high pollutant emissions, cultivate and strengthen strategic emerging industries, and optimize the regional industrial layout. It is aimed that by 2025, the green and low-carbon transformation of industrial structure and production mode will have achieved significant results, green and low-carbon technologies and equipment will have been widely used, energy and resource efficiency will have been significantly improved, and the level of green manufacturing will have been comprehensively raised, laying a solid foundation for the industrial sector to peak carbon dioxide emissions in 2030.

Coal replacement in reduced amount and electricity substitution in the industrial sector will continue to be effectively promoted. With the in-depth comparison with the *Energy Efficiency Benchmarking and Baseline Levels for Key Industrial Areas* (*2023*), the effective implementation of the *Implementation Guidelines for Energy Conservation*, *Carbon Reduction*, *Transformation and Upgrading of Key Areas in Energy Intensive Industries* (*2022*), and the continuous implementation of the *14th Five-Year Plan for Green Development in the Industry Sector*, China will accelerate the optimization and upgrading of the industrial structure, comprehensively improve the efficiency of resource utilization, speed up technological reform, and develop green industry with digitalization and intelligence. The retrofitting and upgrading of coal power units will be pushed forward in an orderly manner, and coal replacement in reduced amount and electricity substitution in the chemical, iron and steel, building materials and other industries will be sped up. By 2025, the share of electric energy in industrial end-use energy consumption will reach about 30 percent; the national average coal consumption for thermal power supply will be reduced to less than 300 grams of standard coal per kilowatt-hour; the proportion of production capacity in the chemical sector reaching the benchmark level will exceed 30 percent; the comprehensive energy consumption per tonne of steel will be reduced by two percent; and the proportion of clinker production capacity in the cement industry that is above the energy-efficiency benchmark level will exceed 30 percent. Energy efficiency in key industrial sectors will be comprehensively improved. The energy efficiency of key products in the iron and steel, petrochemical and chemical, non-ferrous metal and building material industries will reach the world's advanced level, with the aim of reducing energy consumption per unit of added value in industries above designated size by more than 13.5 percent and 20.0 percent by 2025 and 2030 respectively, compared with 2020.

New progress will be made in renovation and upgrading of coal-fired power units. First, the interaction between energy-saving and consumption-reducing renovation, heat supply renovation and flexibility renovation will be further promoted so as to achieve the goal of high-quality development of the coal-fired power industry, which will be flexible, efficient, clean and low-carbon. Second, the development of coal and biomass coupled power generation will be explored. Breakthroughs will be made in the technical difficulties of direct mixed combustion coupled power generation technology, split-burning coupled power generation technology, biomass gasification and coal mixed combustion coupled power generation, the optimal way of biomass coupled coal-fired power generation will be decided with a comprehensive consideration of power generation cost and efficiency according to local conditions, and the biomass types for mixed combustion and their mixing ratio will be defined so to promote the large-scale development of coal and biomass coupled power generation and effectively replace coal. Third, the development with deep integration of new energy and coal power will be promoted. Through various ways such as chemical conversion, electricity and heat, the development of coal power coupled with solar energy, wind energy, biomass energy, geothermal energy and other new energy will be pushed forward. Focusing on deserts, the Gobi and wilderness areas, the construction of large-scale wind power and photovoltaic bases will be promoted, and combined with the regulating and supporting resources such as clean and high-efficiency coal power, new types of energy storage, and photothermal power generation, a multi-energy complementary development and construction pattern will be formed. Making full use of the advantages of land and new energy resources in coal mining areas, the construction of a multifaceted and synergistic clean energy system will be promoted to build coal mining areas into surface-underground integrated clean energy bases. The role of coal power as a bottom-line guarantor and flexible regulator will be brought into full play to support the construction of a new type of power system with an increasing proportion of new energy.

Better results will be achieved in the restructuring of energy use in the petroleum and chemical industry. Firstly, the overall energy efficiency level of the industry will be significantly improved, the carbon emission intensity will be greatly reduced, and the capacity for green and low-carbon development will be further enhanced. Through the use of a high proportion of green energy, the industry will explore the ways to push forward the transition from steam power to electric power and will carry out adaptive renovation on the power supply system of enterprises. By combining multilevel energy-saving and carbon-reducing actions such as the optimization and adjustment of the raw material structure, and energy-saving renovation of process and of utility engineering, it will strengthen the recycling of waste heat and residual pressure from the process to achieve energy cascade utilization. It is aimed that the proportion of national chemical production capacity reaching the benchmark level will exceed 30 percent by 2025 and by 2030, the proportion of enterprises reaching the benchmark level will be significantly increased with overall energy efficiency and carbon emission intensity of the industry reaching the world's advanced level. Secondly, with the progress and promotion of advanced chemical and energy technologies, a system coupling petrochemical and chemical process reconstruction and new energy will be tentatively established. Led by scientific and technological innovation, the coupling of energy with internet innovation and management and control mode innovation, China will build an energy coupling system between the petroleum and chemical industry and multi-energy complementarity of sources such as wind power, photovoltaic, hydrogen and nuclear energy. With technologies such as molecular refining, direct cracking of crude oil, new-type coal chemical industry and oil-coal-chemical integration, the integration of different industrial chains will be promoted, and the ways of efficient use of fossil raw materials will be expanded, so to ensure that the energy efficiency level of newly-built projects will be on par with the world's advanced one. Thirdly, China will continue to deepen industrial restructuring, eliminate backward production capacity under higher entry thresholds and reduce energy consumption through the size effect. For new oil refining projects, capacity replacement in reduced amount will be practiced while capacity replacement in equal or reduced amount will be exercised for new calcium carbide and urea projects. Oil refining units with the capacity of two million tonnes or less, kettle distillation units producing oil by open-flame high-temperature heating, synthetic ammonia units of natural gas atmospheric pressure intermittent conversion process, calcium carbide furnaces with a single unit capacity of less than 12,500 kVA, and open calcium carbide furnaces will be phased out. Ethylene units with the capacity of 300,000 tonnes or less, paraxylene units with the scale of single series capacity of less than 600,000 tonnes, and calcium carbide units with the capacity of 100,000 tonnes or less will be retired at an accelerated pace. New construction of atmospheric and vacuum distillation units with the capacity of less than 10 million tonnes, catalytic cracking units with the capacity of less than 1.5 million tonnes, continuous reforming units(including aromatics extraction) with the capacity of less than 1.0 million tonnes, hydrocracking units with the capacity of less than 1.5 million tonnes, naphtha cracking units for producing ethylene with the capacity of less than 800,000 tonnes, and synthetic ammonia production units using the fixed-layer intermittent gasification technique will be prohibited.

A significant increase in the greening and digitalization of the steel industry will lead to further improvements in energy efficiency. First, the optimization and upgrading of the industrial structure will be further promoted. Key regions are encouraged to raise elimination standards and phase out low-efficiency processes and equipment with high energy consumption and high pollution, such as walk-in sintering machines and pelletizing shaft furnaces; regions with environmental capacity, carbon emission targets, market demand, guaranteed resources and energy, and relatively insufficient iron and steel production capacity are encouraged to take over the transferred production capacity, and clustering development is encouraged for iron and steel smelting projects relying on existing production bases. The industry will further enhance industrial concentration and continue to build a number of world-class super-large iron and steel enterprise groups and first-class specialized enterprises, striving for the total output of the top ten iron and steel enterprises to account for more than 60 percent of the country's total output by 2030. The structure of the steelmaking process will be significantly optimized, and the proportion of electric furnace steel production capacity will be increased to more than 20 percent by 2030 so as to effectively improve the overall level of steelmaking. Second, the research and development breakthroughs and popularization of advanced technology will be stepped up. Iterative upgrading of products will be actively promoted through such technological routes as system energy efficiency improvement, resource recycling, and process optimization and innovation. The iron and steel industry will promote key common technologies such as efficient and low-cost clean steel smelting, energy conservation and environmental protection, and the extensive application of such general and special equipment as advanced electric furnaces and their manufacturing processes, near-net-shape production, special smelting and high-end detection, as well as that of parts manufacturing technology. It will promote the industrialized application of technologies such as sintering flue gas recycling, fine desulphurization of blast furnace gas, high-efficiency desulphurization and denitrification, medium and low temperature waste heat utilization, and high value-added resource utilization of steel slag. Breakthroughs in technologies such as hydrogen-rich carbon cycle blast furnace smelting, hydrogen-based shaft furnace for direct reduction iron production and carbon capture will be achieved and applied. It will further strengthen the basic theoretical research on low-carbon cutting edge technologies such as by-product coke oven gas or natural gas direct reduction iron-making, blast furnace oxygen-rich or hydrogen-rich smelting, fusion reduction and hydrogen smelting, and promote their pilot demonstration. Third, an extreme energy efficiency will be applied to improve the overall energy efficiency and low-carbon level of the industry. The *Three-Year Action Plan for Energy Efficiency Benchmarking in the Iron and Steel Industry* released in December, 2022 encouraged the building of "best energy efficiency benchmarking demonstration factories in dual-carbon practice", and proposed to realize the rapid and accurate application of mature technologies and green, low-carbon and high-quality transformation and development with the "technology list, capability list and policy list". Through the application of deep energy-saving technologies and equipment upgrading and retrofitting, key interface technology innovation, the strengthening of the synergistic coupling of material flow and energy flow in the whole process, the integration and optimization of smart energy systems, and the strengthening of recycling and utilization of waste heat and residual energy, fine management and control of energy will be realized and extreme energy efficiency of the whole system will be achieved to ensure that the iron and steel industry reaches the carbon peak by 2030, with the aim of having the resource conditions and technological capabilities to reduce the total carbon dioxide emissions by 15 percent compared with 2020. Fourth, continuous efforts will be made to promote the green and low-carbon transformation of the iron and steel industry through digitalization. It will continue to promote the innovative application of new-generation information technology such as fifth-generation mobile communication technology (5G), big data, artificial intelligence, cloud computing, and the Internet in energy management, encourage the research and development of energy efficiency mechanisms and data-driven models, establish a three-tier energy efficiency diagnosis system for equipment, systems and factories, and realize intelligent management and control of core energy-consuming equipment, the intelligent coupling of energy saving and carbon reduction in the production process, intelligent scheduling optimization and control at the global level, and collaborative control of energy and environmental protection through dynamic and visual fine management and control so as to advance the digital, networked and intelligent development of energy management, and to further improve the overall energy efficiency level of the iron and steel industry.

iii. Green Energy Use Enabling Modern Agriculture, and Green Elements Strongly Supporting Rural Revitalization

A green energy system is expected to be basically established in rural areas.

Adhering to the green and low-carbon orientation, a new rural energy system will be built during the 14th Five-Year Plan period, a number of green and low-carbon rural energy pilot projects will be completed, and the proportion of non-fossil energy sources such as wind power, solar energy, biomass energy and geothermal energy will be steadily increased in rural energy sources. China will make efforts to promote the implementation of the *Rural Energy Revolution Pilot County Construction Plan*, under which renewable energy will account for more than 30 percent of the total primary energy consumption and more than 60 percent of incremental primary energy consumption in the pilot counties by 2025, and renewable energy is expected to be widely used in counties across the country by 2030. Firstly, the "Photovoltaic Power Going into Thousands of Households Action" will be implemented and about 1,000 photovoltaic demonstration villages will be constructed; the "Wind Power Harnessed by Thousands of Villages Action" will be launched to promote the development of rural wind power in about 100 counties and 10,000 administrative villages. Secondly, with the construction of large-scale biomass cogeneration projects, bio-gas projects, biomass pyrolysis gasification projects, biomass liquid fuel projects, regional methane and bio-gas projects with centralized organic waste treatment, park-type "breeding-methane-planting" projects and farmyard-type biogas projects, as well as with the implementation of bio-gas demonstrations in major planting and breeding counties, the diversified development and utilization of biomass energy will be steadily promoted. Thirdly, China will encourage the overall development of geothermal blocks, promote multi-energy complementary heating in winter and cooling in summer in the form of "geothermal energy plus", support the comprehensive utilization of geothermal energy in conjunction with industries such as tourism, planting, breeding and industry, step up the exploration of the integration of geothermal power generation with other renewable energy sources, and actively push forward the large-scale development of geothermal energy. At the same time, it will continue to consolidate and upgrade rural power grids, construct intelligent distribution grids adapted to the integration of large-scale distributed renewable energy sources into the grid, to explore the ways to expand the scale of direct application of renewable energy terminals, and to construct a highly self-sufficient micro-energy network for new energy, based on wind, photovoltaic and biomass and supplemented by natural gas and energy storage so as to push forward the direct consumption of green power in the immediate vicinity of the power grid.

An environmentally friendly and low-carbon rural lifestyle will basically take shape. One is to steadily and orderly promote clean heating in rural areas in the northern regions, so that by 2025, bulk coal in key areas of air pollution prevention and control will be basically cleared, coal-fired boilers of less than 35 steam tonnes/hour will be basically eliminated, and bulk coal in cooking, heating and agriculture will be basically cleared in the plains of the pilot counties in the key areas of national air pollution prevention and control, with the aim of completely replacing bulk coal by 2030. The mode of central heating with large and medium-sized biomass boilers based on agricultural and forestry biomass and biomass briquettes, as well as the heating mode of "household biomass briquettes + clean stoves" will be promoted according to local conditions. The development of centralized geothermal heating will be prioritized in towns and cities that are rich in geothermal energy and are of large area. The heating modes of "wind-solar energy + heat-storage electric boiler" and "off-grid photovoltaic power generation + battery power supply" will be practiced to gradually build up a multi-energy complementary clean heating system and to further increase the proportion of clean energy in the rural energy consumption for heating purposes. The other is to build the charging infrastructure moderately ahead of schedule to facilitate the use of new energy vehicles in rural areas. Efforts will be made to promote the distribution and construction of public charging infrastructure in counties and towns. By 2030, the construction of a dotted charging network in the countryside will be completed, and the coverage rate of rural charging services will be steadily increased. Charging networks will be planned and laid out in large villages and towns, relocation and resettlement areas, and key villages and towns for rural tourism; the construction and planning of public charging infrastructure will be vigorously advanced in areas such as township and village organs, enterprises and public institutions, commercial buildings, transportation hubs, public car parks, logistics bases, and service zones (stations) along highways. Combined with the development of rural self-driving tours, the construction of charging piles will be accelerated along highways, at petrol stations and in other places with favorable conditions so as to speed up the realization of "full coverage in all the counties" of charging stations, and "full coverage in all the towns" of charging piles in the areas suitable for the use of new energy vehicles. In rural areas where the utilization rate of charging piles is low, charging infrastructure that provides integrated photovoltaic power generation, energy storage and charging will be built. Efforts will be made to improve the operation and service level of newly built charging infrastructure. Taking into account the environment of charging facilities in rural areas, the basic conditions of power grids, as well as the operation and maintenance requirements, standards for the construction of charging facilities will be formulated and revised, and the design of typical scenarios will be carried out. The construction of the monitoring and service platform of charging facilities will be pushed forward and the interconnection of operator platforms will be strengthened to enhance the availability of facilities and the capability to deal with malfunctions. The intelligent charging infrastructure will be vigorously promoted and applied, and technological means will be employed to study and judge in advance the concentrated period and region of charging demand, and to do a good job of securing service. By accelerating the construction of charging infrastructure in rural areas and promoting the development of new energy vehicles in the sinking market (the third tier cities and below), new energy vehicles will be prompted to gradually replace fuel vehicles and low-speed electric vehicles.

The energy industrial chain will strengthen the agricultural industrial chain in all aspects. The *Plan to Advance Agricultural and Rural Modernization during the 14th Five-Year Plan Period* puts forward to implement the rural supply chain and industrial chain upgrading project during the 14th Five-Year Plan period, and to build about 500 agricultural modernization demonstration zones and a number of state-level modern agricultural industrial parks. The agro-industrial parks will become one of the major scenarios to serve as an example of the revolution in rural energy consumption. First, with the modern biotechnology, renewable energy products such as fuel ethanol, solid fuel, gas, methane and biomass power will be produced by making full use of organic wastes, including the large amount of straw and livestock and poultry manure produced in planting or breeding in the park, as well as the wastes produced in processing primary agricultural products to continuously increase the energy supply in the park, forming a virtuous cycle of "resource-waste-resource". Second, the action for comprehensive utilization of "photovoltaic plus" will be further promoted, with the development of modern "photovoltaic plus" agriculture in agricultural parks and the large-scale planting and breeding under photovoltaic panels to enhance the comprehensive land utilization value. By 2025, the scale of combined development of photovoltaic power generation, such as "combining photovoltaic power generation with agriculture" and "combining photovoltaic power generation with fishery", is expected to reach more than 10 million kilowatts. Making use of low wind speed technology, wind power will be promoted to meet the electricity needs of agricultural production in the park, and the integrated development of "offshore wind power + ocean ranch" will be further explored. Third, the application of geothermal energy in agro-industrial parks will be promoted according to local conditions. In accordance with the principle of "rational planning, scientific development, balancing groundwater extraction and recharge, and cyclic utilization", the cascade utilization of geothermal energy will be applied in planting, breeding, seedling growing and other agricultural production while heating the parks. Based on its use in agricultural production, renewable energy including biomass energy, photovoltaic energy, wind power, and geothermal energy will be combined with agricultural product processing and cultural tourism resources such as tourism, camping and agricultural picking, so that the energy use model of "new energy + agriculture" will optimize the primary industry, upgrade the secondary industry, strengthen the tertiary industry, as well as extend the agricultural industrial chain, supply chain and value chain.

New forms of business and new models for the utilization of agricultural biomass resources will continue to emerge. China's first five-year plan for the bio-economy, the *14th Five-Year Plan for the Development of the Bio-Economy*, explicitly states that it is necessary to actively develop biomass energy, and to promote the development and application of biomass energy technologies in biomass power generation, combined heat and power, and biomass fuels. The *14th Five-Year Plan for Renewable Energy Development* further proposes to promote the diversified development of biomass energy. Firstly, efforts will be made to promote the orderly development of biomass power generation. The large-scale application of biomass power generation technologies such as direct combustion, mixed combustion, methane and gasification power generation will be promoted in different scenarios according to local conditions, and biomass will be used as a fuel source for coal-fired power to solve the instability problem of the new power systems brought about by wind and photovoltaic power generation. The aim is to increase the share of biomass energy utilization in renewable energy consumption to about 8 percent by 2030, and biomass power generation to over 200 billion kilowatt-hours. Secondly, the promotion and application of biomass energy in the field of clean energy heating in rural areas will be accelerated. Based on industrialization projects, methane and biogas will be produced through biomass cogeneration and anaerobic fermentation by using straw and livestock and poultry manure in counties and rural areas to resolve the difficulty of clean heating in counties and villages. Counties with favourable conditions will be supported to replace coal burning with biomass clean heating, to build rural energy stations based on biomass briquette fuel processing stations, biomass boilers, etc., and to coordinate the centralized production areas of grain, forests and livestock to set up county-based biogas demonstration projects. The aim is to produce over ten billion cubic meters of biogas per year by 2025 and over 20 billion cubic meters by 2030. Thirdly, the research and development of advanced technologies and equipment in the field of liquid biomass fuels will be supported and their use promoted. Pilot projects to popularize the use of biodiesel will be carried out in areas with favourable conditions, demonstration and use of biomass aviation fuel will be promoted, breakthroughs in biomethanol, green ammonia and other technologies will be sped up, and accelerated breakthrough from the "trial" to "application" stage of biomass liquid fuel technologies in such key areas as urban services and transportation will be pushed forward.

iv. Development of Clean and Low-carbon Energy Use in Transport Accelerating and Binary Energy Use Structure Gradually Forming

A green and low carbon energy consumption system for transport is expected to be developed. The Report to the 20th National Congress of the Communist Party of China points out that it is necessary to accelerate the building of China's strength in transport. To this end, the Ministry of Transport, the State Railway Administration, the Civil Aviation Administration of China, the State Postal Administration, and the China State Railway Group Corporation jointly issued the *Five-Year Action Plan to Accelerate Building China's Strength in Transport (2023–2027)*, which proposes to promote the construction of green railways, green highways, green ports, green waterways and green airports, to reduce the carbon emission intensity per unit of converted turnover of the nation's operational means of transport by about 9.5 percent by 2030 compared to 2020, and to reduce the comprehensive energy consumption per unit of converted turnover of the national railways by 10 percent from 2020. By 2035, the change of total carbon emissions in China's transport sector is expected to undergo two periods: a steady growth period (2020–2025) and a plateau period after peaking (2025–2035), and a binary transport energy use system dominated by cleaner oils and electricity will take shape. In the future, China will continue to promote the low-carbon transformation of transport equipment towards electrification, and strive to peak oil consumption in land transport by 2030. It is expected that the penetration rate of new energy vehicles in the country will increase from 40 percent in 2025 to 60 to 80 percent in 2030; the application of pure electric technology in urban buses and urban freight distribution vehicles will be accelerated; the medium- and long-distance highway passenger vehicles will be affected by the advancement of new energy vehicle endurance technology, and the market share of medium and large new energy buses in the sales of medium and large passenger vehicle is expected to increase to 18 percent by 2030. Railway internal combustion locomotives will also gradually transition from oil-electric hybrid locomotives to electric-electric hybrid locomotives①. Substantial progress is expected to be made in the use of LNG-powered vessels on inland waterways, with research, development and testing of ships powered by alcohol fuels, biofuels, and hybridization with traditional fuels expected to be completed by 2030. Pilot demonstration of the use of biofuels in aviation will continue to be carried out, and by 2030, the proportion of sustainable fuel blends is expected to gradually increase and progress towards commercial use of biofuels in civil aviation will be gradually accelerated. At the same time, in order to build a green and efficient transport system and to help the transport sector peak carbon emissions, the "road-to-rail" and "road-to-water" transport mode of goods, as well as the "road-to-rail" and "air-to-rail" transport mode of travellers will be the key initiatives in the future. During the 14th Five-Year Plan period, the volume of rail-water intermodal transported containers is expected to grow at an average annual rate of more than 15 percent.

The share of new energy vehicles is expected to increase significantly. In October 2020, the *Development Plan for New Energy Vehicle Industry (2021–2035)* issued by the General Office of the State Council put forward that, adhering to the

① Electric-electric hybrid locomotives mainly include "energy storage battery + contact network" locomotives and "energy storage battery + hydrogen fuel cell" locomotives, etc., of which "energy storage battery + contact network" locomotives may be the main alternative in the future, supplemented by the continuous upgrading of railway locomotive energy-saving technology.

strategic orientation of purely electric driven, purely electric vehicles are likely to become the mainstream in the sales of new vehicles, while those used in public transportation will be exclusively electrified. It is expected that by 2025 and 2030, car ownership per 1,000 people in China will reach 260 and 320 respectively, gradually realizing the goal of one household owning one car; accordingly, car ownership will reach 370 million and 450 million in 2025 and 2030 respectively. New energy vehicle ownership will exceed 35 million in 2025 and is expected to reach 10 million in 2030, with pure electric vehicles accounting for more than 80 percent; the development of new energy vehicles can replace about 27 million tonnes of gasoline and 65 million tonnes of diesel, respectively. In February 2023, the Ministry of Industry and Information Technology and the Ministry of Transportation, in conjunction with the Ministry of Finance, Ministry of Ecological Environment, and Ministry of Housing and Urban-Rural Development, National Development and Reform Commission, National Energy Administration, and National Postal Bureau, issued the *Notice on Organizing and Carrying out Pilot Work on Pioneering Zones for Comprehensive Electrification of Vehicles in Public Areas*, which explicitly proposes to add about one million public charging piles between 2023 and 2025, with the ratio of vehicle to pile in the public sector reaching 1 ∶ 1. It is expected that by 2025, the number of charging piles (public piles + private piles built with vehicles) across the country will increase by 8,133,000, of which 2,228,000 will be public piles and 5,904,000 will be private piles (built with vehicles) to form an appropriately over-advanced, well-distributed, intelligent and efficient infrastructure system for fast energy replenishment capable of meeting charging needs of more than 30 million electric vehicles. The new-type supercharging piles will become the main energy supply facilities for new energy vehicles. Many automobile companies are investing a lot of resources to build supercharging stations to improve their own energy replenishment system. To go with the supercharging facilities, the promotion and application of new battery materials such as lithium manganese iron phosphate will be accelerated, and new types of condensed state, semi-solid state and solid state battery technologies are expected to go into the market. These technologies and equipment will basically solve the bottleneck problems concerning the demand of new energy vehicles, such as "mileage anxiety", and "waiting anxiety". In February 2020, the State Council released *China's Energy Development in the New Era*, which proposed to accelerate the development of hydrogen energy industry chain technology and equipment such as green hydrogen production, storage, transport and application, and to promote the development of hydrogen fuel cell technology chain and hydrogen fuel cell vehicle industry chain. It is expected that by 2025, hydrogen energy will account for 4 percent of China's end-use energy system, the annual demand for hydrogen will increase to more than 35 million tonnes, the scale of domestic hydrogen production by water electrolysis will reach about 15 gigawatts (GW), and the hydrogen production by water electrolysis based on renewable energy will have achieved initial success; the number of hydrogen fuel cell vehicles will reach about 30,000 units, and a total of more than 300 hydrogen refueling stations will be built. With the continuous progress of technologies for manufacturing, transporting and storing hydrogen, as well as the construction and popularization of infrastructures such as hydrogen refueling stations, hydrogen fuel cell vehicles are expected to become a new growth driver for new energy vehicles.

Refined oil products will continue to become cleaner and less carbon intensive. The *Outline of Medium and Long Term Development Plan for Scientific and Technological Innovation in Transport (2021–2035)* issued by the Ministry of Transport and the Ministry of Science and Technology in January 2022 proposed to build a whole-life-cycle green transport technology system, to strengthen the research and application of green infrastructure construction and maintenance technologies, to promote the research, development and application of green and environmentally friendly technologies for transport services, to accelerate the research and development on the application of low-carbon transport technologies, to promote the research and development on technologies for the application of low-carbon energy such as electricity, hydrogen, ammonia and solar energy in carrying vehicles and operation machinery, to speed up the independent design and building of new energy vehicles, clean energy ships and new energy aircraft, as well as the development of modernized navigation set and navigational aids, and to continue to promote the use of more efficient, clean and low-carbon fuels for automobiles, ships and aircraft. Before it, the five ministries and commissions including the Ministry of Industry and Information Technology, the Ministry of Finance jointly issued the *Corporate Average Fuel Consumption and New Energy Vehicle Credit Joint Management Method* proposed to set requirement on the credit ratio of new energy vehicles for passenger car enterprises whose annual output of conventional energy passenger cars or importations exceed 30,000 units, and to incorporate the credit ratio of new energy vehicles into assessment as a mandatory factor. Since the implementation of the "dual credit" policy, the domestic automobile industry has continuously improved its energy-saving technology level, fuel consumption control capability and oil quality. With the full promotion of the National Ⅵ B emission standards in 2023, the quality and cleanliness of auto fuel will continue to improve. Going forward, China will as well continue to renew and replace heavy-duty diesel trucks and to improve the quality and decarbonisation of vehicle fuels by thoroughly promoting the vehicle emission inspection and maintenance system. The *Outline of Eco-Environment Monitoring Planning (2020–2035)* and the *14th Five-Year Plan for Eco-Environment Monitoring* released by the Ministry of Ecology and Environmental Protection respectively in 2019 and 2021 clearly proposed to carry out monitoring and surveillance of air pollution from mobile sources, including ships. In order to control the emission of pollutants from ships and comprehensively improve the emission standards for marine fuels, the Ministry of Ecology and Environment, in conjunction with the former General Administration of Quality Supervision, Inspection and Quarantine, has implemented the *Emission Limits of Pollutants from Ship Engines and Measurement Methods for Exhausts (Stage Ⅰ and Ⅱ in China)* by steps, which requires that, starting from 1 July 2022, the pollutant emissions of all ship engines that are sold, imported and put into service should meet the Stage Ⅱ emission standards limits. The *14th Five-Year Development Plan for Green Transportation* issued by the

Ministry of Transportation and Communications in 2022 explicitly requires that by 2025, China will achieve a 3.5 percent of reduction in carbon emissions per unit of transport turnover from operating ships and a 7 percent of reduction in total nitrogen oxides emissions compared to 2020. The process of cleaning up in the aviation fuel sector is accelerating. In December 2021, the Civil Aviation Administration of China released the *Special Plan for Green Development of Civil Aviation over the 14th Five-Year Plan Period*, which proposed to promote the use of purely electric and oil-electric hybrid aircraft in the field of navigation in an orderly manner, and to continue to promote the substitution of electrical energy in airport operations and the safe and efficient use of electric facilities and equipment, so as to reduce aviation kerosene and gasoline emissions. According to the *2022 China Civil Aviation Green Development Policy and Action*, a report released by the Civil Aviation Administration of China in September 2022, China's fuel consumption in civil aviation will be reduced from 0.309 kg per ton-km in 2021 to 0.293 kg per ton-km by 2025; bio-coal will become a key technology for the full decarbonization of civil aviation fuels, and the consumption of clean aviation fuels will increase to 50,000 tonnes, and the carbon emission intensity will be reduced to 0.5 million tonnes, with the carbon emission intensity decreased to 0.886 kg per ton-km. It can be predicated that by 2030, the green, low-carbon and circular development system of civil aviation will have been optimized and the carbon peaking goal will have been achieved.

v. Continuing to Comprehensively Promote Green Development in the Building Sector and Popularizing Clean and Low-Carbon Building Energy Throughout the Sector

Low-carbon and efficient energy use in buildings is universally promoted. Ultra-low energy buildings characterized by high energy efficiency, low energy consumption and high comfort, can reduce the energy consumption of buildings by more than 30 percent compared to current energy efficiency standards. The promotion of large-scale development of ultra-low energy consumption buildings has been incorporated into the overall arrangement of the *Implementation Program for Carbon Dioxide Peaking in the Urban and Rural Construction Sector*, the related policies and measures have begun to be intensively introduced, and the pace of promotion is accelerating significantly. Hebei, Inner Mongolia, Liaoning, Jiangsu, Shandong and other provinces plan to further raise the energy-saving design standards of buildings and strive to fully implement ultra-low energy building standards for urban civil buildings by 2025. Shanghai proposes that by 2025, the proportion of new residential buildings that meet ultra-low energy building standards will reach 50 percent, and by 2030, all the new civil buildings will follow the ultra-low energy building standards. At the same time, fiscal, financial and other support policies for ultra-low energy building have been introduced, specific measures such as financial awards, volume rate awards, support for commercial housing development, and green finance are being further strengthened, and an ultra-low energy building policy system both mandatory and guiding has been preliminarily formed, although the accuracy and effectiveness of the policy are expected to be further improved. In addition, the ultra-low energy renovation projects for existing buildings have been successively implemented in Heilongjiang, Beijing, Hebei, Shandong, Shanghai, Guangdong and other provinces, and are beginning to show good results. Among them, Heilongjiang Province is the first to take the lead, making it clear that 2.2 million square meters of ultra-low energy consumption floor space will be retrofitted during the 14th Five-Year Plan period. Driven by a series of favorable policies and measures, the scale of ultra-low energy building construction tends to grow rapidly, with the scale in the 14th Five-Year Plan period expected to significantly exceed the target of 50 million square meters of near-zero energy buildings set in the *14th Five-Year Plan for Building Energy Conservation and Green Building Development*, to promote the use of energy in buildings to become less carbon-intensive and more efficient and to promote urban and rural construction to develop towards green and low-carbon.

The application of renewable energy in buildings will be comprehensively

popularized. From project demonstration to regional demonstration and then to comprehensive promotion, China will gradually achieve the comprehensive popularization of the application of renewable energy in buildings, so as to effectively implement the overall requirements of carbon reduction, pollution reduction, green development expansion and economic growth in the building sector. First, key policies will strongly guide the comprehensive application of renewable energy. The *Implementation Plan for Carbon Dioxide Peaking in Urban and Rural Construction* proposes to promote the solar photovoltaic integrated construction in new buildings, aiming to achieve a 50 percent of photovoltaic coverage on the roofs of new public institution buildings and new factories by 2025, and to promote the installation of solar photovoltaic systems on the roofs of existing public buildings. In areas with relatively abundant solar energy resources and in buildings with stable hot water demand, the application of solar hot water in buildings will be actively promoted; the application of geothermal energy and biomass energy will be promoted according to local conditions, and various types of electric heat pump technologies such as air source will be promoted, so that renewable energy sources represented by the application of solar photovoltaic in buildings will gradually achieve comprehensive popularization and become an important means to optimize the energy consumption structure of buildings. Second, mandatory specifications will be enforced to ensure the application of solar energy in all new buildings. The *General Specification for Building Energy Efficiency and Renewable Energy Utilization* stipulates that new buildings should be equipped with solar energy systems, and mandates that new buildings should be quipped with solar hot water systems or photovoltaic power generation systems depending on factors such as climatic conditions, building type and energy demand, so as to ensure the application of solar energy in all new buildings. Third, the application of renewable energy in buildings is promising. With the high-quality economic and social development, the demand for winter heating in areas with hot summers and cold winters is increasing, and the realization of clean heating in such areas has become the aspiration of people's livelihood and a general trend. Air source heat pumps are one of the best ways to efficiently convert electricity into heat and are in line with the development trend of electrification of building terminals, which have great market potential in areas with hot summers and cold winters. At the same time, in the heating regions of northern cities and towns, there is an urgent need to promote the clean and low-carbon heating with renewable energy to optimize the heat source structure. After years of development, the promotion mechanism of the application of renewable energy in buildings is mature, the standard system is relatively perfect, the form of technology is rich and diverse, the techno-economic performance continues to improve, the application scenarios are extensive, which will usher in a high-speed development stage. It is expected that the replacement rate of renewable energy in cities and towns will reach 8 percent by 2025, and more than 10 percent by 2030.

The electrification rate of end-use energy consumption in buildings continues to increase. With the continuous promotion of clean heating and the popularization of the application of solar energy for domestic hot water, the proportion of electricity used for heating and domestic hot water in buildings has been increasing, and the electrification rate of final energy consumption in buildings in China had reached 44.9 percent as of 2022. However, on the whole, the electrification of buildings' final energy consumption is still in its infancy, with the building energy used as non-electric energy supply for heating, domestic hot water, and cooking still accounting for 90 percent, 50 percent and 80 percent respectively, leaving still a lot of potential and room for development in the use of electric energy to replace non-electric energy. Based on the demand and characteristics of energy use for building heating, domestic hot water and cooking, identifying the key problems in electrification and constructing technically feasible and economically reasonable electric energy substitution technology paths and policy systems have become the key links for future development. In regard to the policy system, under the guidance of the "dual-carbon" goals, it is necessary to give full play to the advantages of cleanliness, accessibility and convenience of electric power in the final energy consumption of buildings, to establish a building energy consumption system centred on electric power consumption, to guide the development of building heating, domestic hot water and cooking towards electrification, to promote the electrification of final energy consumption of buildings, and to accelerate the optimization of the energy consumption structure in the building sector, which have been continuously incorporated into the building energy efficiency policies. The *Beijing Carbon Peak Implementation Plan* clearly states that new construction and expansion of gas-fired independent heating systems will be prohibited, and that actions to replace gas-fired heating with geothermal and renewable water source heat pumps will be carried out in an orderly manner, so as to achieve the economical and efficient use of electric energy while reducing non-electric energy consumption. The *Implementation Plan for Carbon Peaking in Urban and Rural Construction in Shanghai* proposes to guide the development of building heating, domestic hot water and cooking towards electrification, and to promote various types of electric heat pump technology such as air source to achieve the efficient use of electric energy. The *Implementation Plan for Carbon Peaking in Urban and Rural Construction in Shanxi Province* proposes to promote electrification in all new public buildings, with an electrification rate of 20 percent by 2030. In terms of the technology pathway, priority should be given to the use of renewable energy electricity to meet the electricity demand of electric energy substitution projects, and efforts should be made to promote energy-efficient heat pumps and other electric substitution technologies, or the use of renewable energy should be prioritized to reduce the fossil energy demand after the electric energy substitution, which is an effective means to achieve electrification of end-use energy consumption in the building sector. Through the coordinated promotion of a series of policies, measures, technical standards and pilot demonstration projects, the replacement of gas with electricity, of coal with electricity and of firewood with electricity for heating, domestic hot water and cooking will be implemented in an orderly and accelerated manner. According to the *14th Five-Year Plan for Building Energy Efficiency and Green Building Development* and the *Implementation Plan for Carbon Peaking in Urban and Rural Construction*, the proportion of electricity consumption in China's building energy consumption will exceed 55 percent by 2025 and 65 percent by 2030, and electricity is expected to become the main means of final energy consumption in the building sector.

vi. Green and Low-carbon Consumption Philosophy Widely Accepted by the Public and Digitalization and Intelligence Expanding the Space of Energy Conservation

China will promote energy conservation and efficiency improvement in energy consumption based on digitalization. In 2023, the National Energy Administration issued the *Several Opinions on Accelerating the Digital and Intelligent Development in the Energy Sector*, which put forward that with regard to the development needs of digital and intelligent transformation of industries such as electric power, coal, oil and gas, it is necessary to shore up the weaknesses in the transformation and development with the integration and application of digital and intelligent technologies, accelerate energy saving and efficiency improvement in energy consumption links with intelligent measures, promote the construction of a digital energy ecology with new models and new forms of business, and push forward the pilot demonstration of diversified application scenarios and common technology breakthroughs, so as to accelerate the integration of conventional energy and digital and intelligent technology, and promote the synergistic development of the digital economy and green circular economy in the energy sector. In the process of the future green energy transition, digitalization and intelligence will fully tap and exploit the various data values in the entire life cycle of energy. For example, 5G technology will provide ultra-large bandwidth and ultra-low latency communication capacity for energy consumption, Internet of Things technology will enable online access of a large number of devices and data collection, and cloud computing and artificial intelligence technology will improve the efficiency of calculation, processing and analysis of energy big data. First, energy companies can use data analysis to optimize decision-making, thereby improving the operational efficiency of energy production, processing, transmission, trading and consumption, and ultimately improving the overall efficiency and security of the energy system. Taking the power system as an example, with the large-scale access to clean energy, the massive use of distributed energy, energy storage, electric vehicles, intelligent power equipment and other interactive facilities, and through the extensive use of advanced information technologies such as big data, cloud computing, the Internet of Things, and artificial intelligence, the power system will be developed towards higher efficiency, interactivity and intelligence. Second, digitalization will drive continuous innovation in energy service models and consumer patterns. In the future, energy services will become diversified and integrated to provide consumers with a wide range of energy choices, and the relationship between energy consumers and suppliers will gradually change from a one-way supply and demand relationship to a two-way interactive model. The role of energy consumers will shift from the single consumer role to multiple roles of consumers, producers, traders and storers, and their trading decisions will depend not only on price, but also on such factors as energy quality, ease of use, environmental impact and technological reform. Third, the deep integration of low-carbon transformation, energy transformation and digital transformation is driving forward profound changes in the energy supply and demand mode and the business ecology, giving rise to new business models and new forms of business. For example, through the integration of capacities such as energy consulting, green energy substitution, multi-energy complementarity, investment, construction and operation integration, energy efficiency management, carbon asset management, and digital platform, one-stop smart energy services will be provided, which can realize two-way interaction with the user and ecological energy data sharing; with the non-conventional energy companies such as digital technology companies and Internet companies entering the market, a business ecology will be established, in which the conventional energy companies and emerging service providers will coexist.

A more vigorous new trend of green and low-carbon production and living

will become increasingly popular. The *Action Plan for Carbon Dioxide Peaking Before 2030* issued by the State Council calls for the implementation of action for a green and low-carbon society, strengthening publicity and education for ecological civilization, promoting eco-friendly and low-carbon lifestyles, encouraging enterprises to fulfill their social responsibilities, and increasing training for cadres. The next decade is expected to open a new chapter in the management of energy consumption and life nationwide, with new achievements in the cultivation of green consumption habits among residents and the conscious assumption of social responsibility for green development by enterprises. First, the daily routines and habits of residents are expected to be more environmentally friendly and low-carbon. In 2023, the five ministries and commissions of the Ministry of Ecology and Environment, the Central Office for Spiritual Civilization Construction, the Ministry of Education, the Communist Youth League Central Committee and the All-China Women's Federation jointly issued the newly revised *Ten Citizens' Code of Conduct on the Ecological Environment*, which includes caring for the ecological environment, conserving energy and resources, practising green consumption, choosing low-carbon travel, discarding household waste after sorting, reducing pollution, caring for nature and ecology, participating in environmental protection practices, participating in environmental supervision, and building a beautiful China. Through a variety of publicity and policies under the theme of "Energy Conservation, Green Consumption and Sustainable Development", it aims to guide the green consumption behavior, raise the public's awareness of ecological civilization, enhance their consciousness and initiative to carry out green and low-carbon practices, and vigorously advocate green and low-carbon travel, such as rational planning of travel plans, active implementation of the "135" travel plan, i.e, walking within 1 km, cycling within 3 km, and using public transport within 5 km, to reduce the frequency of private car use, so that people can make joint efforts to save as much energy as possible. Second, enterprises are expected to be more active in fulfilling their environmental, social and corporate governance (ESG) social responsibilities. As state-owned enterprises and the financial sector continue to build an ESG evaluation system that is on par with international standards and in line with national conditions, ESG practices are also expected to become a new trend among Chinese enterprises, leading the restructuring of the evaluation system. In the future, Chinese enterprises will make efforts to promote green office by regulating all kinds of office activities, promoting frugal behaviour and cultivating good saving habits, so as to achieve energy conservation and environmental friendliness, such as turning off the lights after use, turning off the lights when people leave, using more natural light, avoiding the lights being on day and night, turning off electricity when people leave, reducing standby time, and turning off the power supply of office equipment when it is not used for a long time. With the power of models, enterprises will be guided to improve their ESG construction and to contribute to China's high-quality economic and social development.

Appendix

i. Policy Documents Related to Energy Consumption Sector from 2012 to 2022

Serial Number	Release Authority	Release Time	Reference Number	Document Title
1	National Development and Reform Commission, National Energy Administration, forwarded by General Office of the State Council	May 30, 2022	Circular No. 39 〔2022〕 issued by General Office of the State Council	*Implementation Plan for Promoting High-quality Development of New Energy in the New Era*
2	National Development and Reform Commission, National Energy Administration	Mar. 23, 2022	Planning Document	*Medium and Long Term Plan for the Development of the Hydrogen Energy Industry (2021-2035)*
3	Ministry of Housing and Urban-Rural Development	Mar. 1, 2022	MOHURD Standard No. 24 〔2022〕	*14th Five-Year Plan for Building Energy Conservation and Green Building Development*
4	The State Council	Feb. 11, 2022	No. 25 Document 〔2021〕 issued by the State Council	*Plan for Promoting Agricultural and Rural Modernization During the 14th Five-Year Plan Period*
5	National Development and Reform Commission, National Energy Administration	Jan. 29, 2022	NDRC Energy No. 210 〔2022〕	*14th Five-Year Plan for Modern Energy System*
6	The State Council	Jan. 24, 2022	No. 33 Document 〔2021〕 issued by the State Council	*Comprehensive Work Plan for Energy Conservation and Emission Reduction During the 14th Five-Year Plan Period*
7	7 ministries and commissions including the National Development and Reform Commission, Ministry of Industry and Information Technology, and the Ministry of Housing and Urban-rural Development	Jan. 21, 2022	NDRC Employment No. 107 〔2022〕	*Implementation Plan for Promoting Green Consumption*

Continued

Serial Number	Release Authority	Release Time	Reference Number	Document Title
8	Ministry of Transport	Jan. 21, 2022	Plan No. 104, [2021] issued by MOT	*14th Five-Year Development Plan for Green Transportation*
9	National Energy Administration, Ministry of Agriculture and Rural Affairs, and National Rural Revitalization Administration	Dec. 29, 2021	Plan No. 66 [2021] issued by NDRC	*Implementation Opinions on Accelerating Energy Transition and Development in Rural Areas to Assist Rural Revitalization*
10	Ministry of Industry and Information Technology	Dec. 3, 2021	MIIT Regulation No. 178 [2021]	*14th Five-Year Plan for Green Development in the Industry Sectors*
11	The State Council	Dec. 26, 2021	No. 23 Document [2021] issued by the State Council	*Action Plan for Carbon Dioxide Peaking Before 2030*
12	The Communist Party of China Central Committee and the State Council	Oct. 24, 2021	No. 36 Document [2021] issued by CPCCC	*Working Guidance for Carbon Dioxide Peaking and Carbon Neutrality in Full and Faithful Implementation of the New Development Philosophy*
13	9 ministries and commissions including the National Development and Reform Commission, the National Energy Administration, and Ministry of Finance	Oct. 21, 2021	NDRC Energy No. 1445 [2021]	*14th Five-Year Plan for Renewable Energy Development*
14	The State Council	Feb. 22, 2021	No. 4 Document [2021] issued by the State Council	*Guiding Opinions on Accelerating the Establishment and Improvement of a Green and Low-carbon Circular Economic System*
15	General Office of the State Council	Nov. 2, 2020	No. 39 Document [2020] issued by General Office of the State Council	*Development Plan for the New Energy Vehicle Industry (2021–2035)*
16	The Communist Party of China Central Committee and the State Council	Sep. 19, 2019	No. 39 Document [2019] issued by the CPCCC	*Outline for Building China's Strength in Transport*

Continued

Serial Number	Release Authority	Release Time	Reference Number	Document Title
17	Ministry of Housing and Urban-rural Development, the National Development and Reform Commission, Ministry of Finance, and the National Energy Administration	Sep. 6, 2017	MOHURD Urban No. 196〔2017〕	*Guiding Opinions on Pushing Forward Urban Clean Heating in Northern Heating Areas*
18	National Development and Reform Commission, Ministry of Finance, and National Energy Administration	Apr. 25, 2017	NDRC Basic No. 2795〔2016〕	*Energy Production and Consumption Revolution Strategy (2016–2030)*
19	13 ministries and commissions including the National Development and Reform Commission and Ministry of Science and Technology	Jan. 5, 2017	NDRC Environment and Resources No. 2705〔2016〕	*Energy Conservation Action Plan for the Whole Society During the 13th Five-Year Plan Period*
20	Ministry of Finance, Ministry of Science and Technology, Ministry of Industry and Information Technology, and the National Development and Reform Commission	Apr. 29, 2015	MOF Construction No. 134〔2015〕	*Notice on Financial Support Policies for the Promotion and Application of New Energy Vehicles from 2016 to 2020*
21	Ministry of Finance	July 31, 2013	MOF Construction No. 390〔2013〕	*Notice on Implementation of the Subsidy Policy on Distributed Photovoltaic Power Generation According to Electric Quantity and Other Related Issues*
22	Ministry of Industry and Information Technology	July 19, 2012	MIIT Conservation No. 339〔2012〕	*Opinions on Further Strengthening Energy Conservation in the Industry Sector*

ii. Compilation of Key Points of the Policy Documents

1. *Implementation Plan for Promoting High-Quality Development of New Energy in the New Era*

Main Objective	· To set the goals in terms of total installed capacity of wind power and solar power by 2030 in China, and to accelerate building a clean, low-carbon, safe and highly efficient energy system.

Key Points	· Proposing 21 specific policy measures in 7 aspects to address the difficulties and blocking points in new energy development; · Adhering to the principle of "establishing the new before abolishing the old while prioritizing establishing", and focusing on solving the problem of "establishing" in the new energy sector through a package of policy supported measures.
Key Measures	· Innovating new energy exploitation and utilization model; · Accelerating the construction of a new electricity system adapting to increasingly high proportion of new energy; · Furthering the reform of "streamlining administration and delegating power, strengthening regulation, and improving service" in the energy sector; · Supporting and guiding the healthy development of the industry; · Securing reasonable space for its development; · Engaging in the benefits of ecological and environmental protection; · Improving related fiscal and financial policies.

2. *Medium and Long Term Plan for the Development of the Hydrogen Energy Industry (2021–2035)*

Main Objective	· To promote the standardized, orderly and high-quality development of the hydrogen energy industry, and to accelerate the building of a clean, low-carbon, safe and efficient energy system.
Key Points	· Clarifying the energy attribute of hydrogen, putting forward the basic principles for the development of the hydrogen energy industry and the goals for each stage of the development, and deploying 4 important measures to promote the high-quality development of the industry.
Key Measures	· Systematically building an innovative system of the hydrogen energy industry, focusing on key sectors and key links, striving to build an industrial innovation support platform, and continuously improving core technical capabilities; · Overall planning of the construction of hydrogen energy infrastructure, arranging hydrogen production facilities in view of actual conditions, and steadily building a storage and transportation system and hydrogen refueling network; · Promoting the well-organized and diversified application of hydrogen energy, and exploring for the path of commercialized development; · Establishing and improving policy and institutional guarantee systems of hydrogen energy, perfecting the hydrogen energy industry standards, and strengthening the safety supervision of the whole chain.

3. 14th Five-Year Plan for Building Energy Conservation and Green Building Development

Main Objective	· To set the target that by 2025 all new buildings in cities and towns will be constructed as green buildings, and the energy use efficiency of buildings will be steadily improved, forming a green, low-carbon and circular construction and development mode.
Key Points	· Clarifying both the overall goal and specific objectives of building energy conservation and green building development, and proposing thirteen key tasks in nine aspects.
Key Measures	· Improving the quality of green building development; · Improving the level of energy conservation in new buildings; · Enhancing energy conservation and green renovation of existing buildings; · Promoting the application of renewable energy; · Implementing building electrification projects; · Promoting new green construction methods; · Enhancing the promotion and application of green building materials; · Promoting regional building energy synergies; · Promoting the building of green cities.

4. Plan for Promoting Agricultural and Rural Modernization During the 14th Five-Year Plan Period

Main Objective	· To adhere to giving priority to agricultural and rural development, to advance rural revitalization in an all-around way, and to accelerate agricultural and rural modernization.
Key Points	· Focusing on seven key tasks, namely, "three enhancements, three constructions and one alignment"; · "Three enhancements", i.e. enhancing the level of supply security for major agricultural products such as grain, enhancing the quality, benefit and competitiveness of agriculture, and enhancing the modernization level of the industrial chain and supply chain;

Key Points	· "Three buildings", i.e. building a countryside that is pleasant to live and work in, building a green and beautiful countryside, and building a civilized and harmonious countryside; · "One alignment", i.e. effectively aligning efforts to consolidate and expand the achievements in poverty alleviation with those to promote rural revitalization in an all-around way.
Key Measures	· Strengthening rural clean energy construction. Implementing rural power grid consolidation and upgrading projects, strengthening the clean use of coal, and promoting the replacement of bulk coal; · Promoting emission reduction and carbon sequestration in agriculture and rural areas. Promoting the circular transformation of agricultural industrial parks and industrial clusters, carrying out demonstrations of renewable energy substitution in agriculture and rural areas, and establishing a sound monitoring network and standard system for emission reduction and carbon sequestration in agriculture and rural areas.

5. *14th Five-Year Plan for Modern Energy System*

Main Objective	· To accelerate the construction of a modern energy system, ensure national energy security, to strive to achieve carbon peaking and carbon neutrality as planned, and to promote high-quality economic and social development.
Key Points	· Pushing forward the construction of a modern energy system from the three aspects of enhancement in the security and stability of the energy supply chain, green and low-carbon transformation of energy production and consumption, and promotion of the modernization level of the energy industrial chain.
Key Measures	· Strengthening strategic security guarantee, improving operation security level, and strengthening emergency security control; · Vigorously developing non-fossil energy and promoting the construction of new power systems; · Reducing the carbon footprint of the energy industry and improving the "dual controls" over energy intensity and gross energy consumption and carbon emission control system;

Key Measures	· Reasonably allocating energy resources; · Making an overall plan to improve regional energy development level and actively promote rural energy reform; · Promoting the modernization level of the energy industry chain; · Boosting energy governance effectiveness; · Building a new pattern of open and mutually beneficial international cooperation in energy sector.

6. Comprehensive Work Plan for Energy Conservation and Emission Reduction During the 14th Five-Year Plan Period

Main Objective	· To vigorously promote energy conservation and emission reduction, to accelerate the development of a green and low-carbon circular economic development system, and to advance the green transformation of economic and social development in all respects.
Key Points	· Focusing on major industries and key links, and implementing ten key projects for energy conservation and emission reduction; · Improving energy conservation and emission reduction policy mechanisms in eight aspects.
Key Measures	· Advancing energy-saving renovation and deep treatment of pollutants in key industries; · Promoting the overall optimization of energy systems and comprehensive pollution remediation in industrial parks; · Advancing green planning, green construction, and green operation and management in cities and towns in all respects; · Promoting energy conservation and emission reduction in transportation and logistics; · Advancing energy conservation and emission reduction in agriculture and rural areas; · Enhancing energy efficiency of public institutions; · Strengthening pollution control in key regions; · Promoting the clean and efficient use of coal; · Strengthening the comprehensive treatment of volatile organic compounds; · Upgrading environmental infrastructure.

7. Implementation Plan for Promoting Green Consumption

Main Objective	· To promote the green transformation and upgrading of the consumption structure and to accelerate the formation of simple, moderate, green, low-carbon, civilized and healthy lifestyle and consumption model.
Key Points	· An institutional policy system having been systematically designed to promote green consumption, which includes 22 key tasks and policy measures in the four major areas of promoting green transformation of consumption in key areas, strengthening scientific and technological and service support, improving the institutional guarantee system, and perfecting incentive and constraint policies.
Key Measures	· Promoting green transformation of consumption in key areas such as food, clothing, housing, transportation, daily necessities and travel; · Promoting the application of advanced green and low-carbon technologies, pushing forward the smooth interconnection of the whole chain of production, supply and marketing, accelerating the development of green logistics and distribution, and building a recycling system for waste and used materials; · Improving the institutional system of laws, standards, statistics and monitoring, and information platforms; · Optimizing fiscal, financial, pricing, credit and supervision policies and measures, and forming an effective incentive and constraint mechanism.

8. 14th Five-Year Development Plan for Green Transportation

Main Objective	· To accelerate the formation of green and low-carbon modes of transport and to provide strong support for accelerating the building of a strong transport nation.
Key Points	· Setting specific targets for pollution reduction and carbon reduction, energy use structure and transport structure, setting seven major tasks, and proposing four special actions for key areas.
Key Measures	· Optimizing spatial layout and building green transport infrastructure; · Optimizing the transport structure and enhancing the energy efficiency of integrated transport; · Promoting the application of new energy and building a low-carbon transport system;

Key Measures	· Seeking both temporary and permanent solutions and promoting deep control of transport pollution; · Sticking to being innovation-driven, and strengthening the scientific and technological support for green transport; · Improving the promoting mechanism and perfecting the regulatory system for green transport; · Perfecting the cooperation mechanism and deepening international exchanges and cooperation.

9. *Implementation Opinions on Accelerating Energy Transition and Development in Rural Areas to Assist Rural Revitalization*

Main Objective	· To promote the construction of a modern rural energy system that is clean, low-carbon and multi-energy integrated, and to comprehensively improve the quality of rural energy use.
Key Points	· Proposing twelve specific measures to promote rural energy transition and development from the three aspects of consolidating and expanding the achievements of poverty alleviation and assistance, cultivating and expanding green energy industry in rural areas, and accelerating the formation of green and low-carbon production modes and lifestyles.
Key Measures	· Consolidating the achievements of the poverty alleviation project by developing the photovoltaic industries; · Enhancing the service level of rural power grids; · Supporting the large-scale development of clean energy in counties; · Pushing forward self-generation and self-consumption of electricity in villages and rural households; · Actively cultivating "new energy plus" industries; · Promoting the utilization of biomass resources; · Encouraging the development of new models and new forms of business that are green and low-carbon; · Vigorously developing rural energy stations; · Accelerating the formation of green and low-carbon production modes and lifestyles; · Promoting electrification in production and living in rural areas; · Implementing clean substitution in rural heating; · Guiding rural residents to travel in green ways.

10. *14th Five-Year Plan for Green Development in the Industry Sector*

Main Objective	· To vigorously promote industrial energy conservation and carbon reduction, to actively promote the transformation of cleaner production, and to improve the supply capacity of green and low-carbon technologies, green products and services.
Key Points	· Setting major tasks in the following nine aspects: focusing on one action, building two major systems, promoting six transformations, and implementing eight major projects.
Key Measures	· Implementing carbon peaking action in the industrial sector; · Promoting the high-end transformation of the industrial structure; · Accelerating the low-carbon transformation of energy consumption; · Promoting the circular transformation of resource utilization; · Promoting the clean transformation of production process; · Guiding the green transformation of product supply; · Accelerating the digital transformation of production modes; · Building a green and low-carbon technology system; · Improving the support system for green manufacturing.

11. *Action Plan for Carbon Dioxide Peaking Before 2030*

Main Objective	· To carry out the work related to peaking carbon dioxide emissions in a vigorous, orderly and effective manner, to accelerate the shift to more environmentally friendly living patterns and modes of production, and to ensure that the goal of carbon dioxide peaking by 2030 is achieved as planned.
Key Points	· Putting forward the main objectives in the following three aspects: to raise the share of non-fossil fuels in total energy consumption, to enhance energy utilization efficiency, and to reduce the level of carbon dioxide emissions, with the focus placed on the two key periods of the 14th Five-Year Plan and the 15th Five-Year Plan to achieve carbon dioxide peaking; · Deploying and implementing "ten major peaking carbon dioxide emissions actions".

Key Measures	· Action for green and low-carbon energy transition; · Action for saving energy conservation, mitigating carbon emissions and improving efficiency; · Action for peaking carbon dioxide emissions in industrial sectors; · Action for peaking carbon dioxide emissions in urban-rural development; · Action for promoting green and low-carbon transportation; · Action for promoting circular economy in carbon mitigation purpose; · Action for advancing green and low-carbon technology innovation; · Action for consolidating and enhancing carbon sink; · Action for green and low-carbon society; · Action for promoting peaking carbon dioxide emissions hierarchically and orderly in all regions.

12. *Working Guidance for Carbon Dioxide Peaking and Carbon Neutrality in Full and Faithful Implementation of the New Development Philosophy*

Main Objective	· To expedite the formation of resource-saving and environment-friendly industrial structures, production modes, lifestyles and spatial configuration, to stay committed to a green, low-carbon and high-quality development path that gives primacy to ecological civilization, and to ensure that the carbon dioxide peaking and carbon neutrality goals are achieved as planned.
Key Points	· Putting forward thirty-one key tasks in ten areas, and making clear the road map for peaking carbon dioxide emissions and achieving carbon neutrality through the application of systematic thinking.
Key Measures	· Promoting comprehensive green transformation in economic and social development; · In-depth industrial restructuring; · Accelerating the construction of a clean, low-carbon, safe and efficient energy system; · Accelerating the construction of a low-carbon transport system; · Improving the quality of green and low-carbon development in urban and rural constructions; · Strengthening research on green and low-carbon technologies and promoting their application;

Key Measures	· Continuing to consolidate and improve carbon sink capacity; · Promoting green and low-carbon opening up; · Improving laws, regulations, standards, statistical and monitoring systems; · Improving policy mechanisms.

13. *14th Five-Year Plan for Renewable Energy Development*

Main Objective	· To optimize and upgrade the energy industrial structure, to further improve the cleanness, efficiency and flexibility of coal-fired power units, and to promote the clean and low-carbon transformation of the power industry.
Key Points	· Anchoring the goals of carbon peaking and carbon neutrality by setting four key targets and deploying major tasks from the five aspects of supply, consumption, technology, system, and international cooperation.
Key Measures	· Optimizing the development mode and insisting on developing renewable energy according to actual conditions with ecology priority; · Promoting storage and consumption with a high proportion of renewable energy utilized; · Insisting on being innovation-driven and developing renewable energy of high-quality; · Improving the system and mechanism, and developing renewable energy in a market-oriented manner; · Adhering to openness and integration, and deepening international cooperation in renewable energy.

14. *Guiding Opinions on Accelerating the Establishment and Improvement of a Green and Low-Carbon Circular Economic System*

Main Objective	· To preliminarily establish a production system, circulation system and consumption system featuring green, low-carbon and circular development by 2025; · To basically achieve the goal of building a beautiful China by 2035.

Key Points	· Making arrangements for green, low-carbon and circular development in the six aspects of production, circulation, consumption, infrastructure, green technology, and laws, regulations and policies, and setting eighty-five key tasks.
Key Measures	· Improving the production system featuring green, low-carbon and circular development; · Improving the circulation system featuring green, low-carbon and circular development; · Improving the consumption system featuring green, low-carbon and circular development; · Accelerating the green upgrading of infrastructure; · Building a market-oriented green technology innovation system; · Improving the system of laws, regulations and policies.

15. *Development Plan for the New Energy Vehicle Industry (2021–2035)*

Main Objective	· To adhere to the development direction of electrification, internet connectivity and intelligence, to promote the high-quality and sustainable development of China's new energy vehicle industry, and to accelerate the building of an automobile powerhouse.
Key Points	· Deploying sixteen strategic tasks in the five aspects of improving technological innovation capability, building a new-type industrial ecosystem, advancing industrial integration and development, perfecting the infrastructure system, and deepening openness and cooperation.
Key Measures	· Deepening the research and development layout of pure electric vehicles, plug-in hybrid electric vehicles (including extended range vehicles) and fuel cell vehicles, as well as power battery and management system, drive motor and power electronics, and networking and intelligent technologies, building innovation platforms for generic technologies, and improving the industry's public service capacity; · Supporting eco-oriented enterprises, promoting innovation and application of key systems, raising the level of intelligent manufacturing, and strengthening quality and security guarantee; · Promoting the deep integration of new energy vehicles with energy, transportation, information and communication;

Key Measures	· Vigorously promoting the construction of charging and swapping networks, intelligent road network facilities and hydrogen fuel supply systems; · Expanding opening-up and cooperation, and accelerating the integration into the global value chain.

16. *Outline for Building China's Strength in Transport*

Main Objective	· To construct a modern, comprehensive transport system that is safe, convenient, efficient, green and economical, to build China's strength in transport, and to provide strong support for building a great modern socialist country in all respects.
Key Points	· Clarifying the overall goal of "making people satisfied, providing solid support to the country's development, and seeking a high ranking in the world", and deploying nine key tasks, including to build a multidimensional and integrated infrastructure network, to ensure that the transportation equipment is advanced and applicable, to make transport services economical and efficient, to make scientific and technological innovation dynamic and driven by intelligent technologies, to ensure that the transport system is safe, reliable, and quick in response, to promote low-carbon and environmentally friendly green development, and to open the system to and cooperate with the world to achieve mutual benefit and win-win, to cultivate a high-level and professional workforce, and to improve the administration system.
Key Measures	· Promoting the intensive and economical use of resources and advancing the development of the transport resource recycling industry; · Strengthening energy conservation, emission reduction and pollution prevention and control, and carrying out green travel actions; · Strengthening eco-environmental protection and restoration in transport and building green transport corridors.

17. *Guiding Opinions on Pushing Forward Urban Clean Heating in Northern Heating Areas*

Main Objective	· To promote the reform of the supply side of heating, to vigorously push forward the use of clean energy, and to accelerate the promotion of clean urban heating in northern heating areas, with the orientation of meeting the heating needs of the public.
Key Points	· Proposing eight key tasks to promote clean heating in cities and towns according to the policy of " enterprise-oriented, government-promoted and residents-affordable" .
Key Measures	· Scientific preparation of special plans; · Accelerating the cleaning up of coal-fired heat sources; · Promoting heating with natural gas and electricity according to local conditions; · Vigorously developing heating with renewable energy sources; · Effectively utilizing the resources of industrial waste heat resources; · Completely eliminating heating with bulk coal; · Speeding up the renovation of old heating pipeline network and facilities; · Vigorously improving energy efficiency at the user end of heating.

18. *Energy Production and Consumption Revolution Strategy (2016–2030)*

Main Objective	· To bring about a fundamental transformation in energy production and consumption, and to provide a strong guarantee for building a modern socialist country in all respects and for realizing the Chinese dream of the great rejuvenation of the Chinese nation.
Key Points	· Proposing twenty-two specific measures in the five areas of promoting civilized energy consumption, diversified supply, scientific and technological innovation, deepening reform, and strengthening cooperation, and implementing thirteen major strategic actions in the selected key breakthrough areas.
Key Measures	· Promoting energy consumption revolution to initiate a new stage of conservation and efficiency: resolutely controlling the total amount of energy consumption, creating an intermediate and advanced energy consumption structure, further advancing energy conservation and emission reduction, promoting urban and rural electrification, and establishing a thrifty and frugal consumption concept;

Key Measures	· Promoting energy supply revolution to build a clean and low-carbon system; · Promoting energy technology revolution to take a leading role in scientific and technological development; · Promoting energy system revolution to modernize the governance system; · Strengthening all-round international cooperation to build a global energy community of shared future.

19. *Energy Conservation Action Plan for the Whole Society During the 13th Five-Year Plan Period*

Main Objective	· To significantly improve the efficiency of energy resource development and utilization, to effectively control the total amount of energy consumption, to accelerate the construction of an energy-saving society, and to promote green development.
Key Points	· Arranging ten action plans and ten key energy-saving projects in the four areas of carrying out actions to double the amount of energy saved, leveraging the key role of the market, exploring energy-saving opportunities with great potentiality, and attaching importance to the energy conversation in key sectors.
Key Measures	· Action to promote energy-efficient products; · Action to improve energy efficiency of key energy consumers; · Action to catch up with and surpass advanced international industrial energy efficiency level; · Action to promote energy efficiency in the building sector; · Action to promote energy efficiency in the transport sector; · Action to advocate public institutions to take the lead in saving energy; · Action to double the output value of the energy-saving service industry; · Action to bring the supporting role of energy-saving science and technology into full play; · Action to encourage residents to save energy; · Action to promote the construction of key energy-saving projects.

20. *Notice on Financial Support Policies for the Promotion and Application of New Energy Vehicles from 2016 to 2020*

Main Objective	· To maintain policy continuity and to accelerate development of the new energy vehicle industry.
Key Points	· Clarifying the subsidy policy for the promotion and application of new energy vehicles in the three major aspects of subsidy objects, products and standards, requirements for enterprises and products, and declaration and earmarking of funds.
Key Measures	· A generalized benefit system will be implemented to subsidize consumers; · The subsidy standards are mainly based on the effect of energy saving and emission reduction, and are reduced accordingly with a comprehensive consideration of factors such as production cost, scale effect and technological progress; · Production enterprises should have strong research and development, production and promotion capabilities; · Products covered by the subsidy should have better technical performance and be safe and reliable.

21. *Notice on Implementation of the Subsidy Policy on Distributed Photovoltaic Power Generation According to Electric Quantity and Other Related Issues*

Main Objective	· To promote the healthy development of the photovoltaic industry.
Key Points	· Defining the detailed rules for the implementation of subsidizing distributed photovoltaic power generation projects according to the quantity of electricity in the four aspects of project confirmation, subsidy standard, subsidized electric quantity and fund appropriation; · Improving the management of subsidy funds for photovoltaic power stations and large-scale wind power generation.

Key Measures	· The subsidy standards being determined with a comprehensive consideration of the on-grid price of distributed photovoltaic, the cost of electricity generation and the selling price of electricity; · Accelerating the appropriation of funds and simplifying the management procedures of the subsidy funds for photovoltaic power stations and large-scale wind power generation.

22. *Opinions on Further Strengthening Energy Conservation in the Industry Sector*

Main Objective	· To thoroughly implement the scientific outlook on development, to effectively promote industrial transformation and upgrading, and to promote green and low-carbon development in the industry sector.
Key Points	· Proposing ten specific measures to strengthen energy conservation in the industry sector.
Key Measures	· Seizing the opportunity to usher in a new stage of energy conservation in industrial sectors; · Imposing strict check on the auditing of the technological transformation projects of enterprises and the assessment and inspection of energy conservation; · Intensifying efforts to eliminate backward production capacity; · Speeding up the formulation and implementation of punitive electricity price policies for enterprises that exceed energy consumption limits; · Strengthening technological renovation in energy conservation and emission reduction; · Strengthening energy conservation management of key energy consuming enterprises; · Implementing stricter energy efficiency standards; · Strengthening supervision and inspection on energy conservation and consumption reduction; · Speeding up the construction of centralized energy supply facilities in industrial parks; · Actively supporting industrial enterprises to generate electricity from waste heat and residual pressure and feed into the grid.

Declaration and Acknowledgment

In order to further implement the strategy for energy production and consumption revolution, the Development Research Center of the State Council of China has commissioned a group of senior specialists and scholars in the energy sector to analyze and summarize the progress and achievements of China's energy consumption revolution since 2012, to systematically sort out a series of new practices and new directions in the in-depth promotion of the energy consumption revolution, going clean, low-carbon, decentralized and digital, thoroughly researched and analyzed some typical cases, and finally offered these report, the *Progress Report on China's Energy Revolution: Energy Consumption Revolution (2023)*. We hope that this book can provide valuable reference for further advancing the strategy for China's energy production and consumption revolution, and related studies.

We would like to express our heartfelt gratitude to the relevant departments, research institutes, universities, industrial associations, enterprises, international organizations and many experts for their strong support and great help for this study.

Special acknowledgment goes to the following academicians for their conscientious guidance and great contribution to the compilation of the *Progress Report on China's Energy Revolution: Energy Consumption Revolution (2023)*:

(In the order of number of strokes in the Chinese surname character)

MA Yongsheng　YU Junchong　MAO Jingwen　LIU He

JIANG Yi　TANG Guangfu　SUN Youhong　SUN Lili

DU Xiangwan LI Yang ZOU Caineng SONG Yonghua

WU Qiang JIN Zhijun ZHOU Xiaoxin ZHAO Xiangeng

HAO Fang HE Kebin JIA Chengzao GAO Deli

GUO Xusheng HUANG Xiaowei KANG Hongpu XIE Heping

We would like to thank the following experts for their inputs in the revision of the *Progress Report on China's Energy Revolution*: *Energy Consumption Revolution* (*2023*) and their contributions during the drafting:

KANG Chongqing ZHANG Yuqing SUN Yaowei

TANG Jinrong DING Tao YING Guangwei SUI Jun

ZHANG Gang ZHOU Fuqiu SONG Lianchang

ZHU Xingshan ZHANG Daoyong ZHENG Hongtao

ZHU Tong MENG Fanda XU Jie QIU Jianhang

YANG Gang